国家智库报告 2018（20）
National Think Tank

新时代中非友好合作

新时代中非友好合作：
新成就、新机遇、新愿景

李新烽　吴传华　张春宇　著

A NEW ERA IN CHINA-AFRICA FRIENDLY COOPERATION:
NEW ACHIEVEMENTS, NEW OPPORTUNITIES, NEW VISION

中国社会科学出版社

图书在版编目(CIP)数据

新时代中非友好合作：新成就、新机遇、新愿景/李新烽，吴传华，张春宇著．—北京：中国社会科学出版社，2018.8
　(国家智库报告)
　ISBN 978 - 7 - 5203 - 2997 - 2

　Ⅰ.①新…　Ⅱ.①李…②吴…③张…　Ⅲ.①中外关系—研究—非洲　Ⅳ.①D822.34

　中国版本图书馆CIP数据核字（2018）第184861号

出 版 人	赵剑英
项目统筹	王　茵
责任编辑	喻　苗
特约编辑	熊　瑞
责任校对	周　昊
责任印制	李寡寡

出　　版	中国社会科学出版社
社　　址	北京鼓楼西大街甲158号
邮　　编	100720
网　　址	http://www.csspw.cn
发 行 部	010 - 84083685
门 市 部	010 - 84029450
经　　销	新华书店及其他书店

印刷装订	北京君升印刷有限公司
版　　次	2018年8月第1版
印　　次	2018年8月第1次印刷

开　　本	787×1092　1/16
印　　张	12
字　　数	121千字
定　　价	56.00元

凡购买中国社会科学出版社图书，如有质量问题请与本社营销中心联系调换
电话：010 - 84083683
版权所有　侵权必究

充分发挥智库作用
助力中非友好合作

当今世界正处于大发展、大变革、大调整时期。世界多极化、经济全球化、社会信息化、文化多样化深入发展，和平、发展、合作、共赢成为人类社会共同的诉求，构建人类命运共同体成为各国人民共同的愿望。与此同时，大国博弈激烈，地区冲突不断，恐怖主义难除，发展失衡严重，气候变化凸显，单边主义和保护主义抬头，人类面临许多共同挑战。中国是世界上最大的发展中国家，人类和平与发展事业的建设者、贡献者和维护者。2017年10月中共十九大胜利召开，引领中国发展踏上新的伟大征程。在习近平新时代中国特色社会主义思想指引下，中国人民正在为实现"两个一百年"奋斗目标和中华民族伟大复兴的"中国梦"而奋发努力。非洲是发展中国家最集中的大陆，是维护世界和平、促进全球发展的重要力量之一。近年来非洲在自主可持续发展、联合自强道路上取得了可喜进展,从西方人眼中"没有希望的大陆"变成了"充满希望的大陆",成为"奔跑的雄狮"。非洲各国正在积极探索适合自身国情的发展道路,非洲人民正在为实现"2063年议程"与和平繁荣的"非洲梦"而努力奋斗。

中国与非洲传统友谊源远流长,中非历来是命运共同体。中国高度重视发展中非关系,2013年3月习近平主席担任国家主席后首次出访就选择了非洲;2018年7月习近平主席连任国家主席后首次出访仍然选择了非洲;5年间,习近平主席先后4次踏上非洲大陆,访问坦桑尼亚、南非、塞内加尔等8国,向世界表明中国对中非传统友谊倍加珍惜,对非洲和中非关系高度重视。2018年是中非关系的"大年",继习近平主席访问非洲之后,中非合作论坛北京峰会将于9月召开,这是中非合作论坛史上的第三次峰会。中非人民对此充满热情和期待,国际社会予以高度关注。此次峰会必将进一步深化中非全面战略合作伙伴关系,推动构建更为紧密的中非命运共同体,成为中非关系发展史上又一具有里程碑意义的盛会。

随着中非合作蓬勃发展,国际社会对中非关系的关注度不断加大,出于对中国在非洲影响力不断上升的担忧,西方国家不时泛起一些肆意抹黑、诋毁中非关系的奇谈怪论,诸如"新殖民主义论""资源掠夺论""债务陷阱论"等，给中非关系发展带来一定程度的干扰。在此背景下，学术界加强对非洲和中非关系的研究，及时推出相关研究成果，讲述中国在非洲的真实故事，展示中非务实合作的丰硕成果，客观积极地反映中非关系，向世界发出中国声音，显得日益紧迫重要。

中国社会科学院以习近平新时代中国特色社会主义思想为指导，按照习近平总书记的要求，努力建设马克思主义理论阵地，发挥为党和国家决策服务的思想库作用，努力为构建中国特色哲学社会科学学科体系、学术体系、话语体系作出新的更大贡献，不断增强我国哲学社会科学的国际影响力。我院西亚非洲研究所是根据当年毛泽东主席批示成立的区域性研究机构，长期致力于非洲问题和中非关系研究，基础研究和应用研究并重，出版发表了大量相关著作和论文，在国内外的影响力不断扩大。

为了服务国家外交大局，配合即将召开的中非合作论坛北京峰会，西亚非洲研究所与国际合作局共同组织编写了《新时代中非友好合作智库报告》。这是一套系列智库报告，包括一个主报告和八个分报告。主报告《新时代中非友好合作：新成就、新机遇、新愿景》总结了党的十八大以来，中非双方通过共同努力，在政治、经贸、人文、和平安全等合作领域取得的伟大成就，分析了中国特色社会主义进入新时代为非洲发展和中非合作带来的新机遇，展望了未来中非友好合作的新愿景和重点对接合作领域。分报告包括：《中非直接投资合作》《"一带一路"倡议与中非产能合作》《中非减贫合作与经验分享》《中非人文交流合作》《中非和平与安全合作》《中国与肯尼亚友好合作》《中资企业非洲履行社会责任报告》和《郑和远航非洲与21世纪海上丝绸之路》。它们分别从不同领域和角度详细阐述了中非合作取得的成就，面临的问题和挑战，以及未来发展合作的建议。主报告和分报告相互联系，互为一体，力求客观、准确、翔实地反映中非合作的现状，有利于增进人们对中非关系的认识和了解，为新时代中非关系顺利发展提供学术视角和智库建议。此外，这套智库报告英文版将同时出版，主要面向非洲国家和国际社会，向世界表明中非友好合作完全符合双方26亿人民的根本利益，完全顺应世界和平稳定与发展繁荣的历史潮流。

这套智库报告从策划立项到组织编写，再到印刷出版，前后只有5个月，时间紧，任务重，难免有缺憾和疏漏之处。例如，非洲国家众多，但国别合作报告只有一本《中国与肯尼亚友好合作》，略显单薄，如果至少有5—10本类似的国别合作报告，那么整套智库报告将会更为全面，更为丰满，希望将来有机会弥补这一缺憾，能够看到更多的中非国别合作报告。相信在国内非洲学界的共同努力下，我国的非洲研究和中非关系研究将不断攀登新高峰，从而更好地服务国家战略，助力新时代中非友好合作全面深入发展。

中国社会科学院副院长

蔡　昉

2018 年 8 月

摘要： 中国是世界上最大的发展中国家，是全球第二大经济体；非洲是世界上发展中国家最集中的大陆，是全球经济增长最快和最具发展潜力的地区之一。中国与非洲虽然相距遥远，但是双方友谊源远流长。中非历来是休戚与共的命运共同体，共同的历史遭遇、共同的奋斗历程使中非人民结下了深厚友谊，成为传承至今的宝贵财富。

党的十八大以来，中非关系在传统友好的基础上继续保持良好发展势头，在各领域的合作均达到前所未有的历史水平。中非高层交往频繁，双方治国理政经验交流不断加强，在国际事务中的合作不断加强，中国在非洲的朋友圈继续扩大，中非政治互信持续增强，中非关系的政治基础不断夯实。中非经贸合作继续保持强劲增长，在贸易、投资、承包工程等方面的合作不断迈上新台阶，为中非关系发展注入强大动力，同时中国对非洲的发展援助成效日益彰显，中非合作继续引领国际社会与非洲合作。中非人文交流与合作不断扩大，在文化教育、医疗卫生、新闻媒体、民间地方、青年妇女、智库等方面的交流合作成果丰硕，为中非关系发展夯实了社会和民意基础。中非和平与安全合作日益深化，中国作为负责任的大国，为维护非洲和平与安全做出了重要贡献。新时代中非友好合作的伟大成就，完全符合中国与非洲大陆26亿人民的根本利益，完全顺应世界和平稳定与发展繁荣的历史潮流。

中国特色社会主义进入新时代将会对世界产生重大影响，为非洲发展和中非友好合作带来新的历史机遇。从全球层面来说，经济全球化大趋势不可逆转，世界经济复苏和发展进程良好，国际社会越来越重视非洲，为中非友好合作提供了有利的国际大环境。从中国方面来说，迈入新时代的中国将继续扩大深化对外开放，着力推进产业转型升级，大力发展数字经济，主导成立新的国际金融机构和创新融资模式，积极推动国际三方合作，推进人民币国际化，为中非友好合作带来新机遇，注入新动力。从非洲方面来说，近年来非洲政治、经济、安全形势总体上趋好，而且未来发展趋势较好，为中非之间开展更多领域、更高层次的务实合作提供了良好条件。与此同时，我们必须看到，中非合作不会一帆风顺，还面临诸多问题和挑战。这就更加需要中非之间秉承"真实亲诚"理念，本着平等互利、合作共赢的原则，以携手共建中非命运共同体和人类命运共同体为目标，全面加强深化合作，共同迎接挑战，实现共同发展。

展望未来，中国更加需要非洲，非洲更加需要中国。根据各自的情况和共同的发展目标，中非尤为需要加强三方面的对接与合作：一是"一带一路"倡议与非盟《2063年议程》对接，这将有助于实现非洲发展的长远规划，实现非洲大陆的整体繁荣；二是国际产能合作与非洲工业化战略对接，这将有助于非洲尽早实现工业化，而工业化是实现现代化的必由之路；三是中国扶贫思想经验与非洲减贫计划对接，这将有助于非洲大陆早日摆脱贫困，实现非洲人民向往美好生活的目标。与此同时，通过上述三方面的对接合作，进一步提升新时代中非友好合作水平，将会对中国全面深化改革，扩大对外开放，顺利实现"两个一百年"目标，全面建成小康社会，全面建成社会主义现代化强国，实现中华民族伟大复兴具有重要意义。

总之，中非双方唯有坚持和平、发展、合作、共赢的原则，进一步巩固双方全面战略合作伙伴关系，加强优势互补，携手共迎挑战，方能实现共同的发展目标，真正实现互利共赢，造福于占世界总人口1/3的中非广大人民，并为世界和平与发展做出积极贡献。

关键词：新时代；中非关系；中非友好合作；"一带一路"倡议；人类命运共同体；自主可持续发展

Abstract: China is the world's largest developing country and second largest economy. Africa is the continent with the most developing countries and one of the fastest growing and most promising regions in the world. Although China and Africa are far apart geographically, friendship between the two regions traces its origins back to ancient times. Having gone through thick and thin together, China and Africa have always been a community with a shared future. Shared historical experiences and struggles have formed a profound friendship between the Chinese and African people. This friendship has in turn become a valuable asset that has been passed down to the present day.

Since the 18th National Party Congress, China-Africa relations have developed smoothly on the basis of long-standing friendship, and cooperation in various fields has reached an unprecedented historical level. High-level China-Africa exchanges have been frequent, exchanges of experience in governance have continued to increase, cooperation in international affairs has been continuously strengthened, the number of China's friends in Africa has continued to grow, mutual political trust between China and Africa has continued to increase, and the political foundation of China-Africa relations has been steadily consolidated. China-African economic and trade cooperation has continued to maintain strong growth. Cooperation in trade, investment, and contracted projects has continued to reach new levels, injecting a fresh energy into the development of China-Africa relations. At the same time, China's development assistance to Africa has become increasingly effective, and China-Africa cooperation continues to lead the international community in work with Africa. China-Africa cultural exchanges and cooperation have been continuously expanded. Exchanges and cooperation in culture, education, health care, news media, non-governmental and local activities, youth and women, and think tanks have yielded fruitful results, solidifying the foundation of social and public opinion for the development of China-Africa relations. China-Africa peace and security cooperation has deepened. China, as a responsible great power, has made important contributions to maintaining peace and security in Africa. The great achievements of China-Africa friendship and cooperation in the new era fully conform to the fundamental interests of the 2.6 billion people across China and the African continent, and fully conform to the historical trend of world peace, stability, development and prosperity.

The entry of socialism with Chinese characteristics into the new era will have a major impact on the world and bring new historical opportunities for African development and for friendly China-Africa cooperation. At the global level, the general trend of economic globalization is irreversible, world economic recovery and development is going well, and the international community is paying increasing attention to Africa. These factors provide a favorable international environment for China-Africa friendly cooperation. From China's perspective, our country, which is entering a new era, will continue to expand and deepen its open policies, to focus on promoting industrial transformation and upgrading, to vigorously develop a digital economy, to lead in establishing new international financial institutions and innovative financing models, to actively promote international trilateral cooperation, and to promote the internalization of the Chinese Yuan. By so doing, China will bring new opportunities and new impetus to China-Africa friendly cooperation. From the perspective of Africa, the political, economic and security situation in Africa has generally improved in recent years, and the development outlook is promising, which provides good conditions for more practical and higher-level pragmatic cooperation between China and Africa. Meanwhile, we must see that China-Africa cooperation will not be smooth; it still faces many problems and challenges. It is precisely because of this that China and Africa must stick to the concept of "genuine, sincere, friendly and honest" cooperation and the principle of equality and mutual benefit, aiming to work together to build a community of a shared future for both China-Africa and for mankind, comprehensively strengthening and deepening cooperation, meeting challenges together, and achieving shared development.

Looking ahead, China will need Africa more, and Africa will need China more. Based on their respective situations and common development goals, China and Africa particularly need to strengthen three types of cooperation: first, linking the Belt and Road Initiative and the African Union Agenda 2063 will help achieve long-term planning for the development of Africa and the overall prosperity of the African continent. Second, linking international cooperation on production capacity and the strategy of industrialization in Africa will help Africa achieve industrialization as soon as possible. Industrialization is the only way to achieve modernization. Third, the application of China's experience in poverty alleviation through poverty reduction programs in Africa will help the African continent eliminate poverty at an early date and achieve the goal of a better life for the African people. At the same time, through the above three aspects of joint cooperation, further enhancement of China-Africa friendly cooperation in the new era will be reached. This, in turn, will be of great significance for China incomprehensively deepening reform, expanding the opening up, achieving two centenary goals, building a moderately prosperous society in every sphere, and building a modernized socialist country in every sphere, and so achieving the great rejuvenation of the Chinese nation.

In sum, both sides will need to adhere to the principles of peace, development, and win-win cooperation, to further strengthen the comprehensive strategic partnership of cooperation, to reinforce complementary advantages, and to meet challenges together, in order to achieve common development goals, achieve mutual benefit and win-win progress, benefit people in China and Africa who make up one-third of the world's population, and make positive contributions to world peace and development.

Key Words: New Era, China-Africa Relationship, China-Africa Friendly Cooperation, Belt and Road Initiative, Community of Shared Future for Mankind, Independent Sustainable Development

目　录

引言 ……………………………………………………（1）

第一章　新时代中非友好合作的伟大成就 …………（3）
　　一　中非友好合作的政治基础不断夯实 …………（3）
　　二　中非经贸合作继续保持强劲增长 ……………（19）
　　三　中非人文交流与合作不断扩大 ………………（36）
　　四　中非和平与安全合作日益深化 ………………（57）

第二章　新时代中非友好合作新机遇和新挑战 …（70）
　　一　世界经济复苏为中非友好合作带来
　　　　新机遇 …………………………………………（71）
　　二　新时代中国发展为中非友好合作带来
　　　　新机遇 …………………………………………（78）
　　三　非洲自主可持续发展为中非友好合作
　　　　带来新机遇 ……………………………………（91）

四　新时代中非友好合作面临新挑战……………（108）

第三章　新时代中非友好合作新愿景……………（122）

一　"一带一路"倡议与非盟《2063年议程》
　　对接…………………………………………（123）

二　国际产能合作与非洲工业化战略对接……（138）

三　中国扶贫思想经验与非洲减贫计划
　　对接…………………………………………（147）

结语……………………………………………………（161）

参考文献………………………………………………（164）

引　言

当今世界，人类社会正处在大发展、大变革、大调整时期。世界多极化、经济全球化深入发展，社会信息化、文化多样化持续推进，新一轮科技和产业革命给全球带来新的历史机遇，发起前所未有的新挑战。在全球化不可逆转的时代潮流下，全世界190多个国家相互联系，相互依存，全球75亿人命运与共，休戚相关，和平、发展、合作、共赢成为新时代的主旋律。与此同时，人类面临的各类不稳定和不确定因素依然很多，遇到的各种问题和挑战依然严峻，和平之路依然曲折，发展之路依然漫长。

中国是世界上最大的发展中国家，是全球第二大经济体；非洲是世界上发展中国家最集中的大陆，是全球经济增长最快和最具发展潜力的地区之一。中国与非洲虽然相距遥远，但是双方友谊源远流长。中非历来是休戚与共的命运共同体，共同的历史遭遇、共同的奋斗历程使中非人民结下了深厚友谊，成为传承至今的宝贵财富。

党的十八大以来，中国改革开放与和平发展事业来到了新的历史起点，中国特色社会主义进入新时代。习近平主席高瞻远瞩，谋划长远，全面推进中国特色大国外交，坚持和平发展道路，推动构建人类命运共同体，创造性地提出"真实亲诚"这一对非洲的政策理念，秉持正确的义利观，以共建"一带一路"倡议为重要历史机遇，将中非关系提升为全面战略合作伙伴关系，努力夯实"五大支柱"，落实"十大合作计划"，指引中非关系迈向合作共赢、共同发展的新时代。

当前，中国人民正在为实现"两个一百年"奋斗目标和中华民族伟大复兴的"中国梦"而砥砺前行；非洲人民正在为实现《2063年议程》远景目标与和平繁荣的"非洲梦"而努力奋斗。共同的发展任务、高度契合的发展战略、合作共赢的发展道路，使中非人民更加紧密地联系和团结在一起，肩并肩地大踏步前行。中非友好合作的广度和深度，双方政府的重视度，人民的参与度，对各自发展以及世界发展的影响力度，均达到前所未有的水平，中非关系迎来了全面绽放的"黄金时期"。

第一章　新时代中非友好合作的伟大成就

党的十八大以来，中非关系在传统友好的基础上继续保持良好发展势头，在各领域的合作均达到前所未有的高度。中非全面战略合作伙伴关系的确立，为中非关系的发展指明了方向。新时代中非友好合作取得了举世瞩目的伟大成就，完全符合中国与非洲大陆26亿人民的根本利益，为世界和平稳定与共同繁荣做出了重要贡献。[①]

一　中非友好合作的政治基础不断夯实

（一）中非高层交往增强政治互信

中非传统友谊是由双方老一辈领导人共同缔造的，

[①] 根据联合国经济和社会事务（经社部）公布的最新数据，2017年非洲总人口为12.6亿，中国总人口约为14亿，全球总人口75.5亿。https://esa.un.org/unpd/wpp/Publications/Files/WPP2017_Wallchart.pdf.

并一直传承至今。高层交往对于促进中非关系发展具有重要意义，对于扩大中非全面友好合作起到重要的引领作用，为巩固中非传统友谊、增强中非政治互信提供了强有力的保障。

2013年以来，习近平主席先后四次踏上非洲大陆，访问坦桑尼亚、南非、刚果（布）、津巴布韦、埃及、塞内加尔、卢旺达和毛里求斯等八国。访问期间，习近平主席广泛会见非洲国家政要和各界人士代表，详细阐述中国对非关系新理念、新政策、新倡议，制定和推出扩大中非务实合作的一系列重大举措，受到非洲国家的普遍欢迎，为新时代中非关系发展规划了宏伟蓝图。

2013年3月，习近平主席首次出访即选择非洲，访问坦桑尼亚、南非和刚果（布）三国，向世界表明中国对中非传统友谊的倍加珍惜和对中非关系的高度重视。在坦桑尼亚，习近平主席发表题为"永远做可靠朋友和真诚伙伴"的重要演讲，强调中非历来是命运共同体，提出"真实亲诚"对非政策理念，引发广泛关注和强烈反响，对于指引新时代中非关系发展具有重要意义。在南非，习近平主席强调"中非关系发展没有完成时，只有进行时"，双方共同致力于将中南关系打造成中非新型战略伙伴关系和发展中大国团结合作的典范。在刚果（布），习近平主席发表题为

"共同谱写中非人民友谊新篇章"的重要演讲,双方共同致力于建立和发展"中刚团结互助的全面合作伙伴关系"。

2015年12月,习近平主席对津巴布韦和南非进行国事访问,并主持中非合作论坛约翰内斯堡峰会,这也是继2006年北京峰会之后首次在非洲大陆举行中非合作论坛峰会,具有历史性意义。此次峰会将中非关系提升为全面战略合作伙伴关系,并为此做强和夯实"五大支柱":政治上平等互信,经济上合作共赢,文明上交流互鉴,安全上守望相助,国际事务中团结协作,实施以促进非洲工业化和农业现代化为核心的"十大合作计划"。

2016年伊始,习近平主席访问非洲大陆首个与新中国建交的国家——埃及,出席中埃建交60周年庆祝活动,巩固和深化中埃全面战略伙伴关系;在阿拉伯国家联盟总部发表题为"共同开创中阿关系的美好未来"的重要演讲,强调中阿两个民族彼此信任、真诚相待,共商"一带一路"建设大计,使古老的丝绸之路在新时代焕发出无穷活力,推动中阿两大民族复兴形成更多交汇。

2018年7月,习近平主席对塞内加尔、卢旺达和南非进行国事访问,在南非约翰内斯堡出席金砖国家领导人第十次会晤,过境毛里求斯并进行友好访问,这是 2018 年习近平主席连任国家主席之后的首次出访。此次非洲之行，习近平主席携手四国领导人，共商友好合作大计，共绘发展振兴蓝图，共创互利共赢前景，共建中非命运共同体和人类命运共同体。习近平主席在双边和多边场合阐释中国对非政策，凝聚起中非友好团结的更大共识，汇集起中非互利合作的更强动力。此次非洲之行，中国同塞内加尔、卢旺达签署了共建"一带一路"谅解备忘录，同毛里求斯就尽快签署"一带一路"合作协议达成共识，"一带一路"国际合作伙伴队伍日益壮大。此次非洲之行，中非共签署约 40 项合作协议，包含许多造福双方人民的大项目，再次印证中非友好合作更富成效、更加务实、更为惠民。此次非洲之行，习近平主席同金砖国家其他成员国领导人一道，规划了金砖未来合作的蓝图，推动金砖国家朝着贸易投资大市场、货币金融大流通、基础设施大联通、人文大交流的方向迈出新步伐；《金砖国家领导人第十次会晤约翰内斯堡宣言》充分吸纳习近平主席讲话精神，对外发出谋求共同发展、维护公平正义、坚持多边主义、完善全球治理的明确声音，为充满不确定性的国际形势注入了正能量。

2014 年是周恩来总理首次访问非洲 50 周年。在这一特殊的年份，中国国务院总理李克强也踏上非洲大陆，访问埃塞俄比亚、尼日利亚、安哥拉和肯尼亚四国,以及非盟总部,出席在尼日利亚首都阿布贾举行的第24届世界经济论坛非洲峰会。访问期间,李克强总理提出加强中非产业合作、金融合作、减贫合作、生态环保合作、人文交流合作、和平安全合作"六大工程",打造中非合作升级版;加强中非基础设施建设合作,推动非洲高速铁路网络、高速公路网络、区域航空网络"三大网络"建设。在非盟总部,李克强总理发表题为"开创中非合作更加美好的未来"的演讲,全面阐述中国对非政策主张,提出"461"中非合作框架。需要强调指出的是,李克强总理访问尼日利亚并出席世界经济论坛非洲峰会之时,正值该国暴力恐怖活动猖獗、安全形势紧张,一些国家领导人纷纷取消了原定访问该国的行程,但是中国总理坚持如约赴会,体现了中尼、中非友谊牢不可破,尼日利亚时任总统乔纳森称:"这是对尼日利亚最大的支持,是患难见真情的体现。"

2018年3月,中国全国"两会"选举产生了新一届国家领导人。5月,新任全国人大常委会委员长栗战书首次出访,来到埃塞俄比亚、莫桑比克和纳米比亚三国;6月,新任全国政协主席汪洋首次出访,来到刚果(布)、乌干达和肯尼亚三国。新任中国全国人大常委会委员长和全国政协主席首次出访的目的地都是非洲,而且前后相隔不到一个月,这并非偶然,而是进一步体现了中国对非洲的高度重视,也意味着2018年对中非关系来说将是非同寻常的一年。

中非政治交往中还有一大亮点,即从1991年以来中国外交部长每年年初首次出访都会选择非洲,这一优良传统一直保持至今,已经延续了28年之久。以近三年为例,2016年年初中国外交部部长王毅访问马拉维、毛里求斯、莫桑比克和纳米比亚四国,2017年1月王毅外长访问马达加斯加、赞比亚、坦桑尼亚、刚果(布)和尼日利亚五国,2018年1月王毅外长新年首次出访依然是非洲,访问卢旺达、安哥拉、加蓬、圣多美和普林西比四国。将近30年的坚持,形成了具有中国特色的外交惯例,凸显了中国对非洲的高度重视,反映了中非之间长期、稳定、牢固的友谊。

非洲国家领导人访华也越来越多,越来越频繁。2013年以来对中国进行国事访问的非洲国家元首有:赞比亚总统萨塔(2013年4月)、尼日利亚总统乔纳森(2013年7月)、肯尼亚总统肯雅塔(2013年8月);塞内加尔总统萨勒(2014年2月)、刚果(布)总统萨苏(2014年6月)、埃塞俄比亚总统穆拉图(2014年7月)、津巴布韦总统穆加贝(2014年8月)、坦桑尼亚总统基奎特(2014年10月)、南非总统祖马(2014年12月)、埃及总统塞西(2014年12月);赞比亚总统伦古(2015年3月)、乌干达总统穆塞韦尼(2015年3

月）、赤道几内亚总统奥比昂（2015年4月）、安哥拉总统多斯桑托斯（2015年6月）、毛里塔尼亚总统阿齐兹（2015年9月）、利比里亚总统瑟利夫（2015年11月）；尼日利亚总统布哈里（2016年4月）、摩洛哥国王穆罕默德六世（2016年5月）、莫桑比克总统纽西（2016年5月）、多哥总统福雷（2016年5月）、刚果（布）总统萨苏（2016年7月）、几内亚总统孔戴（2016年10月）、塞拉利昂总统科罗马（2016年12月）、加蓬总统邦戈（2016年12月）；马达加斯加总统埃里（2017年3月）、吉布提总统盖莱（2017年11月）、冈比亚总统巴罗（2017年12月）等。

2018年3月中国全国"两会"闭幕后不久，喀麦隆总统比亚、纳米比亚总统根哥布、津巴布韦总统姆南加古瓦先后访华，推动中非友好关系"好上加好"，中非全面合作"步步高升"。其中，比亚总统是2018年第一位来华访问的非洲国家元首，也是中国全国"两会"后首位来华访问的外国元首。根哥布总统曾于2014年4月以总理身份访华，这是他担任总统后首次访华。姆南加古瓦总统2017年11月就职以后，把中国作为非洲大陆以外的首访国家，充分体现了中津关系的重要性。三位非洲国家元首在短时间内密集访华，是中非高层交往频繁的充分体现，既表明中非友好合作继续深入发展，又预示着2018年将迎来中非关系中极不平凡的一年。

此外，许多非洲国家领导人受邀来华参加重要国际会议或重大多边外交活动。2015年9月，中国人民抗日战争暨世界反法西斯战争胜利70周年纪念活动在北京隆重举行，埃及总统塞西、南非总统祖马、苏丹总统巴希尔、刚果（金）总统卡比拉、埃塞俄比亚总理海尔马里亚姆、阿尔及利亚民族院议长萨拉赫等非洲国家领导人来华出席，埃及还派出军队方阵参加天安门广场阅兵。2016年9月，20国集团领导人峰会在杭州举行，南非总统祖马、埃及总统塞西、塞内加尔总统萨勒、乍得总统代比出席。2017年5月，"一带一路"国际合作论坛峰会在北京举行，肯尼亚总统肯雅塔、埃塞俄比亚总理海尔马里亚姆出席。2017年9月，新兴市场国家与发展中国家对话会在厦门举行，南非总统祖马、埃及总统塞西、几内亚总统孔戴出席。

中非高层互动频繁，联络密切，有利于双方加强治国理政交流，增进彼此政治互信。据不完全统计，党的十八大以来，共有30多位中国党和国家领导人访问非洲，来华访问或出席国际会议的非洲国家领导人达60多人次。中非高层互访密度之高在中非交往史上前所未有，为中非关系发展提供了更加有力的政治引领。[①]

[①] 王泽非：《三场国事访问开启中非关系"大年"》，2018年4月4日，外交部网站，http://www.fmprc.gov.cn/zflt/chn/zxxx/t1547921.htm。

(二) 中国在非洲的朋友圈继续扩大

中国政府一贯坚持在"一个中国"原则与和平共处五项原则基础上发展同世界各国的友好外交关系。世界上只有一个中国，这是国际社会的普遍共识；坚持一个中国原则，这是当今世界潮流。2016年以来，非洲最后几个与中国没有外交关系的国家，根据人民意愿做出果断选择，承认并恪守一个中国原则，陆续与中国恢复外交关系。2016年，冈比亚、圣多美和普林西比先后与中国复交。2018年5月，布基纳法索宣布与台湾"断交"，与中国恢复外交关系。至此，与中国建立外交关系的非洲国家增至53个，仅剩斯威士兰一国与中国没有建交。随着双边关系实现正常化，中国与上述国家在各领域的合作迅速展开，这不仅符合双方人民的根本利益，也顺应了中非友好的大势。

中国高度重视非洲联盟在地区和国际事务中的重要地位和作用，坚定支持非盟制定和实施《2063年议程》，并致力于推动该议程与"一带一路"倡议对接。早在2005年中国就成为首批向非盟派遣兼驻代表的区外国家，由中国驻埃塞俄比亚大使兼任驻非盟代表。为了适应新形势需要，2014年5月李克强总理访问非盟总部时宣布中国将设立驻非盟使团。经过一年的筹备，中国驻非盟使团于2015年5月正式开馆。这是中国同非盟关系上具有历史性意义的一件大事，对于促进中非关系发展也具有重要意义，标志着中国对非洲外交从以双边为主转向双边和多边并重，有利于进一步巩固和深化中非友好合作关系。中国支持非盟及非洲次区域组织在促进非洲联合自强、推进地区一体化进程方面发挥重要作用，加强与非盟在重大国际和地区问题上的合作。

中非立法机构、协商机构交往方面，中国全国人民代表大会本着相互尊重、加深了解、发展合作的宗旨，不断加强同非洲各国议会及泛非议会等组织多层次、多渠道的友好往来。中国人民政治协商会议与非洲各国议会、泛非议会以及非盟经济社会文化理事会、非洲各国经济社会理事会等机构的交往也日益密切。2018年5月，新任全国人大常委会委员长栗战书访问埃塞俄比亚、莫桑比克和纳米比亚三国，向非洲朋友阐释习近平新时代中国特色社会主义思想，介绍中国的人民代表大会制度，加强中非治国理政经验交流和立法机构交流，推动双方在中非合作论坛和"一带一路"倡议框架下的务实合作，巩固中非传统友谊。2018年6月，新任全国政协主席汪洋访问刚果（布）、乌干达和肯尼亚三国，旨在进一步宣介习近平新时代中国特色社会主义思想，加强中国最高协商机构与非洲有关方面的交流与对话，落实双方元首达成的重要共识，推动双方发展战略对接，加强"一带一路"务实合作，为即将到来的中非合作论坛北京峰会做好准备。新当选的中国全国人大和全国政协最高领导人首次出访都选择了非洲，这向外界释放了非常明确的信号，具有非常特殊的政治含义。上一任全国人大常委会委员长张德江也曾于2013年和2016年访问乌干达、尼日利亚、赞比亚、肯尼亚等非洲国家，时任全国政协主席俞正声分别于2014年和2016年访问阿尔及利亚、摩洛哥、加蓬、科特迪瓦、加纳等非洲国家，加强双方立法机构、协商机构之间的交流与合作，促进中非友好关系发展。与此同时，近年来访华的非洲国家立法机构领导人主要有：苏丹国民议会议长法提赫（2014年4月）、尼日利亚国民议会参议长马克（2014年5月）、埃塞俄比亚人民代表院议长阿卜杜拉（2014年10月），埃塞俄比亚联邦院议长卡萨（2015年4月）、阿尔及利亚民族院议长萨拉赫（2015年9月）、津巴布韦参议长马宗圭（2015年9月），纳米比亚国民议会议长卡贾维维（2016年8月）、阿尔及利亚国民议会议长哈利法（2016年12月），莫桑比克议会议长马卡莫（2017年2月）、赞比亚国民议会议长马蒂比尼（2017年5月）、乌干达议长卡达加（2017年8月）、摩洛哥参议长本希马（2017年12月），加蓬参议长米勒布（2018年1月）、毛里塔尼亚国民议会议长哈努曼吉（2018年2月）等。双方立法机构、协商机构之间的交往大大丰富了中非全面战略合作伙伴关系的内涵。

中非政党交往方面，中国共产党在独立自主、完全平等、相互尊重、互不干涉内部事务的原则基础上，不断扩展和深化与非洲各国友好政党及政治组织的交往与合作。经过多年发展，中国共产党已经与非洲约50个国家的80多个主要政党和政治组织建立了联系，形成了全方位、宽领域、多渠道、深层次的交往格局。① 2017年年末，"中国共产党与世界政党高层对话会"在北京隆重举行，这是中共十九大以后中国举办的首场主场多边外交活动，也是中国共产党首次与世界各国政党举行有史以来规模最大的高层对话会。来自包括非洲在内的全世界120多个国家近300个政党和政治组织的领导人共600多名中外代表与会，为推动构建人类命运共同体、携手建设美好世界贡献智慧，达成广泛共识，取得圆满成功。② 作为此次大会的重要配套活动之一，第三届中非政党理论研讨会同期举行，来自17个非洲国家的50多名政党代表与会，

---

① 万鹏：《第三届中非政党理论研讨会在北京开幕 奏响中国共产党与世界政党高层对话会"序曲"》，2017年11月29日，中国共产党新闻网，http://cpc.people.com.cn/n1/2017/1129/c164113-29675386.html。

② 《中国共产党与世界政党高层对话会北京倡议》，《人民日报》2017年12月4日第3版。

包括埃塞俄比亚人民革命民主阵线、南非非洲人国民大会及南非共产党、几内亚人民联盟、加蓬民主党等，与会方围绕加强政党建设、中国发展经验交流、携手共建中非命运共同体等议题展开深入探讨，达成许多共识。

中非军事高层交往方面，近年来中国军队领导人对非洲的访问主要有：时任中央军委副主席范长龙2016年11月访问坦桑尼亚、埃塞俄比亚和吉布提三国。时任国务委员兼国防部部长常万全2015年3月访问津巴布韦和纳米比亚两国，2017年7月访问肯尼亚、莫桑比克和安哥拉三国，2018年2月访问加蓬和赤道几内亚两国。近年来访华的非洲国家军队高层领导人主要有：埃及国防部长苏卜希（2015年4月）、南非空军司令穆西芒（2015年7月）、津巴布韦空军司令希里（2015年8月）、安哥拉国防部长劳伦索（2015年9月）、加纳国防部长昆布尔（2015年11月）、马里国防部长库里巴利（2015年11月）；吉布提总参谋长扎卡里亚（2016年12月）、马拉维国防部副部长甘比（2016年12月）；埃塞俄比亚国防部长西拉杰（2017年2月）、坦桑尼亚空军司令英格拉姆（2017年4月）、埃塞俄比亚国防军总参谋长尤内斯（2017年8月）、佛得角国防兼外交部部长塔瓦雷斯（2017年11月）、津巴布韦国防军司令奇温加（2017年11

月)、赞比亚空军司令奇密兹(2017年11月)、莫桑比克国防军总参谋长梅内特(2017年12月);坦桑尼亚国防军司令马贝约(2018年5月)等。双方军事高层互访不断,有利于加强中非军事交流与合作,促进中非军事关系和国家关系发展。

中非双方均重视促进地方政府之间的交往,加强在地方发展和治理方面的交流与合作。近年来,通过创立举办中非地方政府合作论坛、中非省市长对话、中非城市发展论坛、中非友好城市大会、中非工商企业界领导人峰会等各种活动,中非地方之间的交流与合作呈现蓬勃发展之势。中非地方政府合作论坛自2012年8月创立以来,至今已成功举办3届,成为中非合作论坛框架下的机制性分论坛。2018年5月,第三届中非地方政府合作论坛在北京举行,来自中国和24个非洲国家的代表与会,为促进中非地方之间的务实合作、助力中非共建"一带一路"做出了积极贡献,为今年9月即将召开的中非合作论坛北京峰会营造了良好气氛。

(三) 中非在国际事务中加强合作

"坚持国际事务中团结协作"是长期以来中非之间的优良历史传统,并且被确立为中非新型全面战略合作伙伴关系的五大支柱之一。

中非在国际事务中加强协调配合，维护双方及发展中国家的共同利益，构建以合作共赢为核心的新型国际关系，对于推动世界多极化和国际关系民主化，推动国际秩序更为公正、合理，推动全世界更加均衡、公平、包容地发展，具有非常重要的意义。

中国是联合国创始会员国和五大常任理事国之一；非洲在联合国拥有54个席位，占联合国会员国总数的1/4以上，而且越来越强调用一个声音说话，在联合国的地位和作用日益突出。中国和非洲共同维护《联合国宪章》宗旨和原则，共同维护联合国在国际事务中的核心地位和作用，共同推动联合国改革；尊重和支持各国根据自身国情选择发展道路，反对霸权主义和单边主义，反对干涉别国内政，反对动辄使用武力或以武力相威胁。非洲国家大力支持中国恢复在联合国的合法席位，支持中国在联合国和国际舞台上发挥大国作用，在涉及中国核心利益和重大关切的问题上一贯给予中国有力支持。中国历来在国际场合为非洲仗义执言，积极推动联合国安理会及相关机构做出尊重非洲人民意愿、符合非洲国家利益的决议，有时候为了维护非洲国家利益甚至不惜动用否决权，主张解决非洲国家遭受的历史不公，优先增加非洲国家在联合国安理会和其他机构的代表性。

面对逆全球化、贸易保护主义、大宗商品价格下跌，以及发达经济体政策不确定性等因素对新兴市场国家和发展中国家发展环境造成的不利影响，中非共同致力于建设开放型世界经济，推动国际金融体系改革和世界贸易组织多哈谈判，反对贸易保护主义，敦促发达经济体采取负责任的财政货币政策，倡议国际社会加强宏观经济政策沟通协调，改善全球经济治理，促进世界经济强劲、平衡、可持续增长。

在和平与安全事务上，中非合作日益扩大和深化。中国支持非洲实现和平、稳定、发展，认为这符合世界各国人民的共同利益，也是国际社会的共同责任。中方赞赏并支持"非洲是非洲人的非洲、非洲人以非洲方式自主解决非洲问题"的理念和原则，主张国际社会应充分尊重非洲国家、非洲联盟和非洲次区域组织在解决非洲问题中的主导地位，推动联合国和国际社会在维和资金、装备、人员培训等领域加大对非洲的支持，为非洲热点问题的解决发挥建设性作用。中方建设性参与非洲和平安全事务，支持非洲维和、打击海盗、防止武器扩散和冲突后重建的努力，帮助非洲提升自主维和、维稳能力，在联合国框架内向非洲派遣维和人员。同时深化发展合作，努力消除恐怖主义产生的根源，共同维护世界和平与稳定。

中非充分认识到气候变化给全球尤其是发展中国家带来的不利影响，主张通过切实有效的国际合作，共同应对气候变化。中非致力于维护并落实《联合国气候变化框架公约》和《巴黎协定》，坚持"共同但有区别的责任"原则，认为发达国家应当承担大幅度减排的历史责任，并向发展中国家应对气候变化提供资金、技术和能力建设支持。中非不断加强在气候变化、绿色发展领域的对话与合作，采取积极有效的措施，提升非洲国家应对气候变化的能力。

中非在各领域的友好务实合作不断加强，同时相关机制建设也在日益完善。最高有中非首脑外交进行顶层设计，中间有中非合作论坛部长级会议和中非外长联大政治磋商承上启下，基层有中非合作论坛高官会和论坛中方后续行动委员会秘书处与非洲驻华使团磋商机制，此外还有中非合作论坛框架下各种分论坛建设。

总之，中非通过多层次、多渠道、多形式的交往，不断扩大交流与合作、协商与对话，增强政治互信，丰富全面战略合作伙伴关系的内涵。中非朋友圈越来越大，中非友谊越来越深厚，中非关系的政治基础越来越坚实。

二 中非经贸合作继续保持强劲增长

2000年中非合作论坛成立以来，中非经贸合作进入全面快速发展时期，规模不断扩大，领域不断拓展，层次不断提升，结构不断优化，总体合作水平不断迈上新台阶。2013年以来，中非经贸合作继续拓展和深化，提质和增量并重，亚吉铁路、蒙内铁路等一些重大项目陆续建成，同时又有一批重大项目上马，可谓全面开花，亮点纷呈。中非经贸合作实现跨越式发展，极大地丰富了中非关系的内涵，巩固了中非关系发展的基础，为新时期中非友好合作注入新鲜活力，带来强大动力。

（一）中非贸易合作

在中非合作论坛、国际产能合作、"一带一路"建设等重要机制、重大举措的带动下，中非贸易迅速发展。2000年中非贸易额只有100亿美元，2014年达到了历史最高峰的2200亿美元，是2000年的22倍。2001—2015年，中非贸易总额、中国对非洲出口额以及中国从非洲进口额的年均增长率分别为23%、23.7%和23.2%。随着中国和非洲经济持续增长以及中非"十大合作计划"深入实施，中非贸易规模有望继续扩大。

1. 中国连续9年成为非洲第一大贸易伙伴国

经过连续多年的快速增长，2008年中非贸易首次突破千亿美元大关。2009年受全球金融危机冲击，中非贸易额降至 910 亿美元，但由于其他国家的对非贸易也普遍大幅下滑，中国首次成为非洲第一大贸易伙伴国。2013 年中非贸易额首次突破 2000 亿美元，达到 2102.5 亿美元，同比增长 5.9%。2014 年中非贸易额进一步增至 2216.6 亿美元，同比增长 5.6%，这也是迄今为止中非贸易最高纪录，其中中国对非洲出口首次突破千亿美元，达到 1062 亿美元。2015—2016 年，由于全球经济增长乏力、大宗商品价格不稳等原因，中非贸易额连续两年下降，2015 年降至 1787.9 亿美元，降幅 19.3%；2016 年继续降至 1492 亿美元，降幅 16.6%。2017 年中非贸易出现反弹，回升至 1700 亿美元，同比增长 14.1%，其中中国对非洲出口 947.4 亿美元，同比增长 2.7%；中国从非洲进口 752.6 亿美元，同比增长 32.8%。[1] 2009 年以来，中国已连续 9 年保持非洲最大贸易伙伴国地位。

2. 中非贸易合作潜力巨大

尽管中非贸易增长很快，但在各自对外贸易总额中所占的比重还很小；2017 年中非贸易额仅占中国外贸总额（41045 亿美元）的 4%，上升空间很大。要实现 2020 年中非贸易额达到 4000 亿美元的目标，需要双方共同努力。此外，中国在非洲的贸易伙伴较为集

---

[1] 中国海关统计：《进出口商品主要国别（地区）统计（2017 年 1—12 月）》，《国际贸易》2018 年第 2 期。

中。2017年南非继续保持中国在非洲的第一大贸易伙伴地位，双方贸易额达392亿美元，占中非贸易总额的近1/4。排名前十的其他贸易伙伴为：安哥拉（226亿美元）、尼日利亚（138亿美元）、埃及（108亿美元）、阿尔及利亚（72亿美元）、刚果（布）（43亿美元）、摩洛哥（38亿美元）、苏丹（28亿美元）、利比亚（24亿美元）、赤道几内亚（16亿美元），这十国与中国的贸易额总计1085亿美元，约占中非贸易总额的64%。[①] 这也说明中国与其他非洲国家的贸易潜力巨大，需要双方进一步加强合作，努力扩大中非贸易。

3. 中非贸易结构趋于优化

在贸易规模不断扩大的同时，中非贸易结构也在逐步优化，各自具有比较优势的产品相继进入对方市场。由于双方在产业结构、资源禀赋、市场需求等方面的差异，中国对非洲出口商品以工业制成品为主，其中最主要是机电产品，已经占到出口总额的一半以上，其他重要出口商品还有纺织品、服装、塑料制品、钢铁制品、化工产品等；中国从非洲进口商品以农矿初级产品为主，主要包括石油及相关产品、矿产品、农产品、木材等。非洲农产品对华出口增长加快，埃及的柑橘、南非的葡萄酒、加纳的可可豆、埃塞俄比

[①] 中国海关统计：《进出口商品主要国别（地区）统计（2017年1—12月）》，《国际贸易》2018年第2期。

亚的芝麻、突尼斯的橄榄油等特色产品，越来越受到中国消费者的青睐。近年来，随着中非基础设施建设合作的不断加强，非洲从中国进口机械设备、交通运输工具、建筑材料等产品的数量大增。与此同时，非洲输华产品的种类也日益增多，钢材、铜材等工业制品已陆续进入中国市场。

4. 中非贸易便利化不断推进

实现中非贸易和投资便利化是中非"十大合作计划"的重要内容之一。为全面落实该计划，中方采取了一系列政策措施，如实施对非贸易专项计划，设立非洲产品展销中心，帮助非洲国家改善海关、商检设施条件等。中国还给予埃塞俄比亚、贝宁、布隆迪等30个非洲最不发达国家97%税目的输华商品零关税待遇，向非洲扩大市场开放，促进非洲对华商品出口。此外，中国大力支持非洲区域一体化进程，支持非洲国家扩大区域内贸易的努力；与非洲国家携手合作建设"三网"：高速铁路网络、高速公路网络和区域航空网络，促进区域贸易"硬联通"；支持非洲国家之间、次区域之间消除贸易障碍和壁垒，实现贸易便利化，促进区域贸易"软联通"。

（二）中非投资合作

新时代中国继续坚持对外开放政策，秉持合作共赢的外交理念，实施"走出去"战略，倡导"一带一路"建设，不断扩大对外投资。非洲作为世界上经济发展最快的地区之一，正处在工业化起步阶段，对外资需求尤为迫切，各国都在采取措施扩大吸引外资。非洲在道路、港口、机场、通信、电站等基础设施建设领域需要大量投资，在农业、制造业、教育、医疗、商业及服务业、社会民生等领域也需要大量投资。投资合作已成为当前及今后很长一段时期内中非经贸合作的主要增长点和中非关系的重要利益契合点。

1. 中国对非洲投资总体上呈上升趋势

2003 年中国对非洲直接投资流量只有 7500 万美元，直接投资存量为 5.9 亿美元。2008 年随着中国工商银行收购南非标准银行股份，中国对非洲直接投资流量高达 54.9 亿美元，迎来了史上最高的年份。2009 年受国际金融危机的不利影响，中国对非洲的直接投资降至 14.4 亿美元。2010—2013 年，中国对非洲的投资逐步回升。2013 年中国对非洲的直接投资流量增至 33.7 亿美元，是 2003 年的 45 倍；直接投资存量增至 261.9 亿美元，是 2003 年的 44 倍。2014—2016 年，受多种因素的影响，中国对非洲的直接投资流量呈连续下降趋势，分别为 32 亿美元、29.8 亿美元和 24 亿美元，同比降幅分别为 5%、7% 和 19.4%；直接投资存量分别为323.5亿美元、346.9亿美元和398.8亿美元。总体来看，对非洲投资仅占中国对外投资总量的3%，未来上升空间巨大。①

2. 中国对非洲投资覆盖率高

截至2016年年末，中国共在52个非洲国家开展了投资合作，投资覆盖率达87%；在非洲设立境外企业超过3200家，占中国境外企业总数（大约3.72万家）的8.8%。中国对非洲投资国别分布较为集中，截至2016年年末，中国对非洲的直接投资存量为398.8亿美元，其中对南非的投资存量为65亿美元，约占投资总额的16%，是中国在非洲的第一大投资合作伙伴。排名前十的其他非洲国家为：刚果（金）（35.1亿）、赞比亚（26.9亿）、阿尔及利亚（25.5亿）、尼日利亚（25.4亿）、埃塞俄比亚（20亿）、加纳（19.6亿）、津巴布韦（18.4亿）、安哥拉（16.3亿）、坦桑尼亚（11.9亿），这十国共吸收中国投资264.1亿美元，占中国对非洲直接投资存量的66%。②在加强与这些国家投资合作的同时，还需要大力挖掘中国与其他非洲国家的投资合作潜力。

---

① 中国商务部：《中国对外投资合作发展报告2017》，2018年2月，商务部网站，http://fec.mofcom.gov.cn/article/tzhzcj/tzhz/uplood/zgdwtzhzfzbg 2017.pdf，第100页。

② 同上书，第100—101页。

3. 中国对非洲的投资领域不断拓宽

经过几十年的发展，中国对非洲的投资领域越来越宽，涉及的行业越来越多，目前主要集中在建筑业、采矿业、金融业和制造业这四大领域。截至2016年年末，中国对非洲建筑业投资存量为113亿美元，占中国对非洲直接投资存量的28.3%，是第一大投资领域；其次是采矿业，投资存量为104.1亿美元，占中国对非洲直接投资存量的26.1%，是第二大投资领域；制造业和金融业分别排在第三和第四位，投资存量分别为50.9亿美元和45.6亿美元，所占比重分别为12.8%和11.4%。上述四大领域投资存量合计达313.6亿美元，占中国对非洲直接投资存量的78.6%。[①] 从投资领域分布来看，建筑业投资已超过采矿业，由于中非基础设施建设合作发展迅速，这一趋势还将持续下去，金融业投资属于新兴投资合作领域，制造业投资需要进一步扩大。未来，非洲的现代服务业、高新技术产业等领域都有潜力成为中国重要的投资领域。

4. 中国民营企业和中小企业成为对非洲投资的生力军

随着中非经贸合作日趋紧密，越来越多的中国企

[①] 中国商务部：《中国对外投资合作发展报告2017》，2018年2月，商务部网站，http://fec.mofcom.gov.cn/article/tzhzcj/tzhz/upload/zgdwtzhzfzbg2017.pdf，第101—102页。

业到非洲投资兴业，给非洲带来了紧缺的资本、技术和人才，创造了大批就业岗位，成为非洲经济发展的助推器。从投资主体来看，民营企业和中小企业已占到中国在非洲企业数量的70%以上。一些知名民营企业，如华为、新希望集团、万向集团、力帆、创维等，在非洲发展情况良好，在投资领域、投资金额、地域分布等方面都呈扩大趋势。此外，许多中国中小企业在非洲从事农副产品加工、小商品生产等行业，对于满足当地人民生活需要、促进当地就业发挥着积极作用。但是，民营企业和中小企业对非洲投资额占中国对非洲总投资额的比重还较小，未来需要进一步引导和推动它们加大对非洲投资，同时切实保障它们的投资利益。

5. 经贸合作区成为中非投资合作的创新模式和重要平台

2007年中国在非洲设立了第一个境外经贸合作区——赞比亚中国经济贸易合作区，开创了中非合作的新模式。截至2015年年底，中国企业在非洲投资建设的经贸合作园区已超过20个，入园企业360多家，累计投资额近47亿美元，总产值近130亿美元，向当地政府缴纳税费累计5.6亿美元，解决当地就业2.6万人，涵盖能源、矿产、轻工、建材、纺织、服装、机械制造、家用电器等诸多领域，初步形成了产业集聚效应，成为中非经贸合作的重要平台。① 这些园区在吸引投资、创造产值、上缴税费、增加就业方面具有独特优势，为促进东道国经济发展和实现工业化做出了积极贡献。目前已通过中国商务部确认考核的中非经贸合作区有4家：赞比亚中国经济贸易合作区、埃及苏伊士经济贸易合作区、尼日利亚莱基自由贸易区（中尼经济贸易合作区）和埃塞俄比亚东方工业园。赞比亚中国经济贸易合作区是中国在非洲设立的第一个境外经贸合作区，也是赞比亚政府宣布设立的第一个多功能经济区，已有63家企业入驻园区，完成投资超过16亿美元，累计实现营业收入超过110亿美元，累计上缴税费3.53亿美元，为赞比亚当地提供就业岗位8800多个。② 埃及苏伊士经贸合作区1.34平方公里的起步区已经全部开发完成，累计投资约1.05亿美元，吸引协议投资近10亿美元，入驻企业近70家，实现年销售额1.8亿美元，进出口额2.4亿美元，缴纳税费5800万美元，为当地创造就业岗位3000多个。③

---

① 《中企在非投资建设经贸园区超20个、入园企业360余家》，2015年11月26日，中国新闻网，http://www.chinanews.com/gn/2015/11-26/7642663.shtml。

② 《中国同赞比亚的关系》，2018年3月更新，外交部网站，http://www.fmprc.gov.cn/web/gjhdq_676201/gj_676203/fz_677316/1206_678698/sbgx_678702/t6717.shtml。

③ 《中埃·泰达苏伊士经贸合作区发展现状》，2017年3月16日，泰达合作区网站，http://www.setc-zone.com/system/2017/03/16/011258910.shtml。

（三）中非承包工程合作

多年来非洲一直是中国对外承包工程的第二大区域市场，仅次于亚洲。基础设施落后是严重制约非洲发展的瓶颈之一，为尽快改变这一现状，非洲国家致力于加强基础设施建设，刚性需求巨大。中国政府大力支持非洲基础设施建设，提出中非产能合作、非洲"三网一化"、"中非十大合作计划"等重大举措，通过设立中非发展基金和中非产能合作基金、给予优惠贷款等多种政策措施支持、鼓励中国企业积极参与非洲基础设施建设。

1. 非洲是中国对外承包工程的第二大区域市场

根据中国商务部发布的《中国对外投资合作发展报告》各年份的数据，2013—2016年中国对非洲承包工程市场保持较稳定态势，各项指标有升有降，但幅度都不大。4年间中国对非洲承包工程新签合同额分别为678.4亿美元、754.9亿美元、762.5亿美元和795.2亿美元，同比增长分别为5.9%、11.3%、1.3%和4.3%，分别占当年中国对外承包工程新签合同总额的39.5%、39.4%、36.3%和32.6%。4年间中国对非洲承包工程完成营业额分别为478.9亿美元、529.7亿美元、547.8亿美元和514.6亿美元，同比增长分别为17.3%、10.6%、3.4%和-6%，分别占当年中国对外承包工程完成营业总额的34.9%、37.2%、35.6%、32.3%。2017年,中国对外承包工程业务保持稳定增长,全年新签合同额2652.8亿美元,同比增长8.7%;完成营业额1685.9亿美元,同比增长5.8%。截至2017年年底,中国对外承包工程累计签订合同额2.09万亿美元,累计完成营业额1.42万亿美元。① 但是由于受国际大宗商品价格低迷、一些非洲国家经济发展乏力、建设资金短缺等因素影响,2017年是中国对非洲承包工程较为困难低迷的一年,无论是新签合同额、完成营业额还是占行业比重均呈下降趋势——其中新签合同额765亿美元,同比下降3.8%,占中国对外承包工程新签合同总额的29%,为2011年以来最低;完成营业额512亿美元,与上年基本持平,占中国对外承包工程完成营业总额的30%,同比下降2%。② 尽管如此,非洲是中国对外承包工程的重要市场的地位并没有改变。

2. 中国对非洲承包工程市场分布较为集中

以2016年为例,按承包工程新签合同额排序,中

---

① 中国对外承包工程商会:《2017年我国对外承包工程业务保持稳步增长》,《国际工程观察》2018年第1期。
② 中国对外承包工程商会:《2018对外承包工程市场及业务形势研讨会之二:亚洲、非洲市场发展前景展望专题研讨》,2018年4月26日,中国对外承包工程商会网站,http://www.china.org/CICA/info/18042614105611。

国在非洲的十大国别市场包括：安哥拉（85.6亿美元）、埃塞俄比亚（83.5亿美元）、埃及（80.2亿美元）、赞比亚（63.1亿美元）、尼日利亚（59.9亿美元）、阿尔及利亚（58.5亿美元）、肯尼亚（42.5亿美元）、刚果（布）（35.7亿美元）、加纳（25.1亿美元）、津巴布韦（21.7亿美元），这10国新签合同额总计555.9亿美元，占中国对非洲承包工程新签合同总额的69.9%。按承包工程完成营业额排序，中国在非洲的十大国别市场包括：阿尔及利亚（84.3亿美元）、埃塞俄比亚（47.1亿美元）、肯尼亚（45.5亿美元）、安哥拉（43.3亿美元）、尼日利亚（26.1亿美元）、埃及（22.8亿美元）、刚果（布）（21.7亿美元）、乌干达（18.9亿美元）、赞比亚（17.9亿美元）、坦桑尼亚（15.2亿美元），这10国完成营业额总计342.9亿美元，占中国对非洲承包工程完成营业总额的66.6%。[①] 在2016年中国对外承包工程完成营业额前20位的国家中，亚洲国家有11个，非洲国家有6个，即上述10个国家中从阿尔及利亚到埃及排名前6位的国家。

3. 中国对非洲承包工程主要集中在三大领域

按照行业分布来看，中国对非洲承包工程主要集

---

① 中国商务部：《中国对外投资合作发展报告2017》，2018年2月，商务部网站，http://fec.mofcom.gov.cn/article/tzhzcj/tzhz/uploud/zgdwtzhzfzbg 2017.pdf，第102—103页。

中在交通运输建设、电力工程建设和房屋建筑这三大领域。根据中国商务部《中国对外投资合作发展报告》相关年份数据，2013年中国对非洲承包工程新签合同额678.4亿美元，其中交通运输建设项目占31.7%，房屋建筑项目占24%，电力工程建设项目占12.7%，这三大领域项目合计占68.4%。2014年新签合同额754.9亿美元，其中交通运输建设项目占46.5%，房屋建筑项目占23.1%，电力工程建设项目占11.6%，这三大领域项目合计占81.2%。2015年新签合同额762.5亿美元，其中交通运输建设项目占35.8%、电力工程建设项目占21.9%、房屋建筑项目占14.2%，这三大领域项目合计占71.9%。中非在基础设施建设方面的合作既有利于非洲实现经济社会发展，又有利于中国企业走出去开拓国际市场。

4. 一批造福非洲当地人民的重大工程项目建成

2013年以来，由中国大型企业在非洲承建的一批重大工程项目相继建成并投入运营，为当地人民带来实实在在的福祉。仅以铁路为例，近年来阿卡铁路、亚吉铁路、蒙内铁路等先后建成，大大改善了非洲基础设施落后的状况，带动了当地经济发展。连接尼日利亚首都阿布贾和北部重镇卡杜纳的阿卡铁路于2016年7月正式通车运营，标志着尼日利亚铁路现代化项目取得首阶段实质性成果。连接东非两国埃塞俄比亚和吉布提的亚吉铁路于2016年10月建成通车，2018年1月开始商业运营，是东非首条现代电气化铁路，使亚的斯亚贝巴至吉布提港的陆路交通周转时间从原来的一周缩短至一天之内。连接肯尼亚首都内罗毕和东非第一大港蒙巴萨港的蒙内铁路于2017年5月31日通车运营，是肯尼亚独立以来最大的基础设施建设项目，也是东非地区铁路网建设的关键一步。这三大铁路建成通车，使铁路建设成为中国在非洲的闪亮名片，也让人们对未来中非务实合作充满更多期待。

（四）中国对非洲发展合作

中国本着患难与共、风雨同舟的精神，坚持不附加任何政治条件、不干涉别国内政的原则，根据自身经济发展和财力状况，向非洲国家提供力所能及的发展援助，并逐步扩大援助规模，创新援助模式，提升援助效果，以援助促进非洲经济社会发展，以非洲发展带动中非合作，并最终实现中非共同发展。

农业是国民经济的基础，是非洲经济实现腾飞的基础，也一直是中国对非洲援助的优先领域。农业援助主要包括：建设农业技术示范中心、兴建农田水利设施、派遣农业专家组和农业技术人员、加强农业人才培训、提供农业物资等。中国还积极参与联合国粮农组织"粮食安全特别计划"框架下的南南合作项目，向尼日利亚、加纳等非洲国家派遣近千名农业专家和技术人员。中国农业援助有助于提升非洲国家的农业技术水平，增加粮食和经济作物产量，实现粮食自给自足和粮食安全，促进非洲国家农业生产和国民经济发展。

基础设施建设落后是制约非洲发展的一大瓶颈，也是中国对非洲援助的重要领域。中国充分发挥自身在基础设施建设技术、设备和管理等方面的优势，并提供一定的资金支持，帮助非洲国家建设了一批交通、通信、电力、港口等基础设施项目。近年来建成或在建的重要援建基础设施项目有：赤道几内亚毕科莫水电站改造项目、中非萨贝格断桥重建项目、多哥广电设施改造项目、圣多美和普林西比道路整修和社区排水项目等。此外，中国还帮助非洲国家建设了一大批公共设施项目，包括市政设施、会议大厦、体育场馆、文化场馆、科教卫生设施、打井供水等。近年来建成或在建的重要援建公共设施项目有：塞内加尔黑人文明博物馆、阿尔及利亚歌剧院、刚果（金）政府综合办公楼、科特迪瓦阿比让体育场、冈比亚国际会议中心、吉布提国家图书档案馆等。这些基础设施和公共设施为非洲国家经济和社会发展创造了更好的条件。

人才不足是严重制约非洲发展的另一大瓶颈，中国不断加大对非洲国家人才培训和人力资源开发力度，规模越来越大，领域越来越多，帮助非洲国家培养经济社会发展所急需的人才。2006年之前，中国共为非洲国家培训各类人员约1.46万人次。此后这项工作加速推进，至2012年中国共为非洲国家培训4万多名各类人员。[①] 2013年中国政府开始实施"非洲人才计划"，3年内为非洲培训各类人才3万名，并注重优化培训内容，提高培训质量。2015年中非合作论坛约翰内斯堡峰会上，中国政府又宣布未来3年内将向非洲提供4万个来华培训名额。至2018年，中国累计为非洲国家培训各类人员超过10万人次。此外，中国还通过技术合作、职业教育培训等方式，在当地为非洲各国培训了大量管理人才和专业技术人员。

紧急人道主义援助最能体现中国与非洲的患难见真情。每当有非洲国家发生严重自然灾害或人道主义灾难时，中国总是在第一时间伸出援手，帮助这些受灾国应对灾害，走出困境。如中国全力帮助利比里亚、塞拉利昂等西非国家战胜埃博拉疫情；向埃塞俄比亚、肯尼亚、津巴布韦、南苏丹、索马里等国提供紧急粮食援助，充分印证了中非友谊牢不可破，中国对非洲无私帮助，践行了"真实亲诚"的对非洲政策

---

① 卢沙野：《中国和平发展的"溢出效应"——以非洲为例》，《中国党政干部论坛》2013年第7期。

理念。

同样地,当中国遭受各类灾难时,也会得到非洲国家的有力支持和帮助。如四川汶川大地震、青海玉树大地震灾害发生之后,非洲朋友第一时间向中国发出慰问,并提供捐款等帮助,刚果(布)、赤道几内亚还分别为中国受灾区援建了小学,这份深厚情谊让中国人民永远牢记在心。

三 中非人文交流与合作不断扩大

"国之交在于民相亲,民相亲在于心相通。"人文交流是国与国、民与民之间增进了解、建立互信的桥梁,是中非关系深化发展的动力。中非双方均认识到人文交流与合作对于促进相互了解、加深彼此友谊、加强文明互鉴、推动中非关系发展的重要意义。近年来中非人员往来每年近300万人次,中非友好的社会和民意基础进一步扩大。中非合作论坛约翰内斯堡峰会将"文明上交流互鉴"列为中非全面战略合作伙伴关系"五大支柱"之一,将"中非人文合作计划"列为中非"十大合作计划"之一,足以说明中非双方对加强人文交流与合作的高度重视。

(一) 中非文化交流与合作

"文化是一个国家、一个民族的灵魂。文化兴国运兴，文化强民族强。"中国与非洲都拥有悠久灿烂的文化，中国是四大文明古国之一，非洲是人类文明的摇篮，双方文化接触与交流源远流长。中非在彼此尊重、相互欣赏对方文化的基础上，积极开展文化交流与合作，为推动世界不同文明之间的平等对话，维护世界文化多样性做出了重要贡献。

1. 中非文化交流与合作机制不断提升完善

中国与所有非洲建交国家都签署了政府间文化合作协定，并不间断地签署年度执行计划，为双方开展文化交流提供重要保障。近年来签署的文化协定执行计划有《中国与毛里求斯文化合作协定 2015 至 2017 年执行计划》《中国与埃及文化合作协定 2015 至 2018 年行动计划》《中国与塞内加尔文化合作协定 2017 至 2019 年行动计划》等。2014—2015 年，中国与南非互办"国家年"，全方位、多形式在对方国家展示本国文化与国家形象。如此规模的重大人文交流活动在中南、中非关系史上尚属首次，是具有历史性意义的开创之举。2016 年，中国与埃及互办文化年，庆祝两国建交 60 周年。其间双方共举办各类文化交流活动百余项，遍布两国 25 个重要省市，参与人数和受众人数史无前例。中埃文化年是中国与阿拉伯国家举办的首个文化年，是世界两大古老文明在新时代进行交流互鉴的一大盛事。2017 年 4 月，中国—南非高级别人文交流机制在南非比勒陀利亚正式建立，这是中国同非洲国家首次建立此类机制，旨在推动中南人文交流与合作全方位、高层次发展，夯实中南友好合作的社会民意基础。

2. 中非文化交流向常态化发展

据不完全统计，2000—2015年，共有155个中国艺术团组赴非洲访演，210个非洲艺术团组来华访演；共有45个中国艺术展赴非洲，19个非洲艺术展来华；共有73起中国文化艺术界人士访问非洲，49起非洲文化艺术界人士访华。[①] 随着中国与南非"国家年"、中国与埃及"文化年"等重大活动的举办，中非文化交流达到史无前例的高度。中非文化艺术团越来越多地参加对方举办的国际艺术节，如中国艺术团参加南非"国家艺术节"、埃及"阿斯旺国际文化艺术节"、津巴布韦"哈拉雷国际艺术节"等，非洲国家艺术团参加中国国际合唱节、上海国际艺术节、成都国际非物质文化遗产节等，给非洲人民带去丰富多彩的中国文化，为中国人民带来独具特色的非洲文化。

3. 中非文化交流向品牌化发展

经过多年打造，中非文化交流逐步形成了一些知名文化品牌。海外"欢乐春节"活动自2010年开始举

---

① 雒树刚：《中非文化交流是中非人民友谊的重要纽带》，2015年12月1日，北京周报网，http://www.beijingreview.com.cn/special/2015/zflt/bzjy/201512/t20151201_800043811.html。

办，逐步发展成为具有世界影响力的中国对外文化交流知名品牌。非洲是最早举办"欢乐春节"活动的地区之一，坦桑尼亚已连续举办9届，是"欢乐春节"走向世界、走进非洲的一个缩影。不到10年间，"欢乐春节"在非洲的举办国越来越多，规模越来越大，影响越来越广，成为促进中非文化交流、加强中非人民心灵沟通的一座重要桥梁。其他中非文化交流品牌，如"中非文化聚焦"始于2008年，逢双年在中国举办"非洲文化聚焦"活动，逢单年在非洲举办"中国文化聚焦"活动。"中非文化人士互访计划"旨在突破政府团、演出团、展览团"老三样"，打造中非文化艺术界人士进行互访交流的平台。"中非文化合作伙伴计划"旨在建立中非文化机构对口交流合作的平台，推动中非各100家文化机构建立长期稳定的合作关系。

4. 中非影视合作成效显著

中非影视交流与合作起步虽然较晚，但是发展势头良好。2011年11月，斯瓦希里语翻译配音版的中国电视剧《媳妇的美好时代》在坦桑尼亚国家电视台首播，这是第一部以斯瓦希里语译配的中国电视剧，也是第一部以撒哈拉以南非洲本土语言译配的中国电视剧。2013年3月习近平主席访问坦桑尼亚时专门提到了该剧，从而使其更为名声大噪。此后《媳妇的美好时代》又被译制成英语、法语、阿拉伯语、豪萨语、葡萄牙语等版本，在纳米比亚、肯尼亚、乌干达等20多个非洲国家热播。《媳妇的美好时代》开启了中国影视作品以本土化方式走进非洲的序幕。在此基础上推出的"中非影视合作工程"，挑选优秀的中国电视剧、电影、动画片和纪录片，将它们分别译成多种非洲语言，并聘请非洲配音演员进行配音，译配完成后供非洲国家媒体播出。照此模式，第一部阿拉伯语版中国电视剧《金太狼的幸福生活》在埃及国家电视台播出，第一部豪萨语版中国电视剧《北京爱情故事》在尼日利亚国家电视台播出。对此，尼日利亚官员曾表示："将中国电视剧翻译成尼日利亚的民族语言，充分体现了中国对尼日利亚人民和民族文化的尊重。"[①]与此同时，中国大力支持非洲影视业发展，积极参与非洲电视节、桑给巴尔国际电影节等。首届中非国际电影节2017年10月在南非开普敦成功举办，"北京影视剧非洲展播季"从2014年开始已连续举办4年，"非洲万场电影放映工程"已在南非、纳米比亚、坦桑尼亚等国开展。总之，中非影视交流与合作呈现由点及面、全面开花之势，对促进中非文化交流大有裨益。

---

① 刘志敏：《中国国际广播电台挂牌成立国家多语种影视译制基地》，2014年1月23日，国际在线，http://news.cri.cn/gb/42071/2014/01/23/5892s4401757.htm。

5. 中国文化中心的影响力不断提升

相对西方而言，中国在海外设立文化中心起步较晚，而且是从非洲开始的。1988年7月毛里求斯中国文化中心成立，这是中国在非洲也是在海外设立的第一个文化中心，至2018年正好有30年的历史。1988年9月，贝宁中国文化中心建成，这是中国在海外的第二个文化中心，同样建在了非洲。此后海外中国文化中心建设进入了十多年的停滞期，直到2002年10月埃及开罗中国文化中心落成。尼日利亚中国文化中心和坦桑尼亚中国文化中心分别于2013年9月和2015年12月建成。中国还与塞内加尔、南非、肯尼亚等国签署了互设文化中心的政府间协议。作为派驻非洲国家的官方文化机构，中国文化中心在促进中非文化交流、增进中非传统友谊方面日益发挥重要而独特的作用。

6. 中国加大对非洲文化领域人力资源培训

文化人才培训既是中非文化交流与合作的重要内容，也是中国对非洲发展援助、中非人力资源开发合作的重要组成部分。近年来，中国不断加大对非洲文化领域的人力资源培训，中非合作论坛约翰内斯堡行动计划提出3年内为非洲培训1000名文化人才的"千人计划"。为落实该计划，中国专门为非洲国家举办了一系列文化研修班、培训班，包括武术培训、杂技培训、舞狮培训、竹编培训、陶艺培训、刺绣培训、声乐舞蹈、游戏动漫、影视制作、文物修复、非遗保护与传承、图书馆管理、剧院管理、文化创意等。本着"授人以渔"的原则精神，中国为非洲国家培养了大批文化人才，有利于这些国家提升文化能力建设，促进文化事业和文化产业发展。对中非关系而言，非洲学员不仅接受了专业培训，同时学习了中国传统文化，了解了中国社会的发展状况，他们回国以后也是对华友好的重要力量，是促进中非友谊的重要桥梁。

（二）中非教育交流与合作

教育是立国之本、强国之基，教育兴则国家兴，教育强则国家强。教育交流与合作是中非人文交流与合作的重要组成部分，是中非全面友好合作的重要内容。近年来，中非教育交流与合作呈现出规模日益扩大、领域不断拓展、形式趋于多样、层次逐步提升等特点，在留学生教育、孔子学院建设、高校交流合作、职业技术教育合作、教育领域援助等方面取得显著成果。

1. 中非教育部门之间的交流与合作

中国同所有非洲建交国家都建立了教育交流与合作关系。2016年3月中国与冈比亚复交后，已有30名冈比亚学生获得中国政府奖学金资助来华学习。2016年12月中国与圣多美和普林西比复交后，原来在中国台湾地区学习的圣多美和普林西比留学生被转到天津大学和北京语言大学继续完成学业，2017年4月该国总理特罗瓦达访问北京语言大学时还看望了他们。中国与许多非洲国家签署了政府间教育交流与合作协定，并与阿尔及利亚、毛里求斯、喀麦隆、埃及四国签署了学历、学位互认协议。良好的国家关系是推动中非教育交流与合作的坚实基础。

2. 中非留学生教育合作

中方教育交流与合作始于留学生教育。2000—2011年，中国为非洲各国提供的政府奖学金名额从1154人增至6316人，增长了近5倍。[①] 截至2012年，中国共为非洲提供了2万多个政府奖学金名额。2012年，《中非合作论坛北京行动计划》宣布中国政府将实施"非洲人才计划"，2013—2015年间为非洲提供1.8万个政府奖学金名额，基本上等于过去50多年间中国为非洲提供的政府奖学金名额数量之和。2015年，《中非合作论坛约翰内斯堡行动计划》又将2016—2018年间中国为非洲提供的政府奖学金名额大幅增至3万个，同时还提供2000个学历学位教育名额，对非洲教育的支持力度达到历史之最。除了中国

[①] 中国教育部国际合作与交流司：《新世纪中国与非洲教育交流与合作的回顾与展望》，张宏明主编：《非洲发展报告（2011—2012）》，社会科学文献出版社2012年版，第71页。

政府奖学金以外，地方政府奖学金、高校奖学金、企业奖学金也纷纷设立。除了奖学金留学生以外，自费来华学习的非洲留学生大幅增长，并在2005年首次超过了政府奖学金留学生。随着中国影响力日增和中非关系全面深入发展，选择到中国留学的非洲学生增长迅猛。据相关统计数据显示，2005—2014年来华的非洲留学生数量年均增速达35%，居所有来华留学生群体之冠。[①] 据中国教育部的数据，2016年来华外国留学生达44万人，其中非洲留学生61594人，占14%，同比增长23.7%。未来这一增长趋势有望继续保持，中国已成为非洲学子的重要留学目的国。

3. 非洲孔子学院建设与发展

经过十多年的发展，目前有41个非洲国家共设立了54所孔子学院和30个孔子课堂，累计培养各类学员140多万人，是"全球孔子学院办学成效最好的地区"。2017年，非洲各孔子学院注册学员达15万人，其中有3所注册学员超过了1万人，举办各类文化活动近2500场。汉语教学在融入当地教育方面取得积极进展，已有14个非洲国家将汉语教学列入本国国民教育体系，21所孔子学院所在的大学开设了中文专业，

[①] 来华留学网、中国教育在线联合发布：《2014年来华留学调查报告》，中国教育在线，http://www.eol.cn/html/lhlx/content.html。

36所孔子学院所在的大学开设了汉语学分课程。① 此外，孔子学院还面向当地政府部门、中小学和企业等提供汉语教学和培训服务。孔子学院凭借中非传统友好的巨大优势，结合当地实际情况，积极开展汉语教学和文化交流活动，成为中非教育合作的一个闪亮品牌，为推动中非人文交流、沟通中非人民心灵、增进中非人民友谊做出了积极贡献。

4. 中非高校20+20合作计划

中非高等院校之间的交流与合作兴起于20世纪80年代。至2006年，中国共有20所大学与非洲29个国家的35所大学建立了校际联系。② 2009年中非合作论坛第四届部长级会议倡议实施"中非高校20+20合作计划"，旨在引导鼓励中非高校之间建立长期稳定的合作伙伴关系，全面深化中非教育合作。2010年6月该计划正式启动，确定北京大学、天津中医药大学、苏州大学等20所中方大学与埃及开罗大学、加纳大学、尼日利亚拉各斯大学等20所非洲大学分别建立"一对一"的合作伙伴关系。在该计划下，中非高校开展了诸多务实交流与合作项目，包括教师互访、学生交流、

---

① 朱宛玲：《国家汉办负责人：本土化程度高是非洲孔子学院快速发展的重要原因》，2018年5月16日，国际在线，http://news.cri.cn/20180516/a588a9b9-f952-93ba-5183-19fca1762d7b.html。

② 刘宝利：《中非教育交流蓬勃发展》，《人民日报》2006年9月21日。

师资培训、学术研讨、孔子学院建设、联合研究、联合培养研究生、共同开发课程等。中国教育部对参与该计划的中非高校在项目经费、奖学金名额、交流互访等方面给予大力支持。

5. 中非职业技术教育合作

非洲经济社会发展和工业化进程需要大量的职业技术人才，中非产能合作和共建"一带一路"也需要大量的高技能人才。在此背景下，中非职业技术教育合作不断加强，合作方式包括中国为非洲国家援建职业教育机构，派遣中国教师到非洲国家职业院校任教，接受非洲留学生到中国职业院校学习，为非洲开展各类职业技术培训，中非合办职业技术教育等。早在20世纪80年代，中国就为苏丹援建了恩图曼职业培训中心，这是中国援建的非洲第一个职业教育机构，2015年中国政府又对该中心进行了改扩建。中国宁波职业技术学院与贝宁方面合作于2016年10月成立了中非（贝宁）职业技术教育学院，中国金华职业技术学院为卢旺达培养的首批职业技术人才将于2018年完成学业，其中一些人回国后将在该院与卢旺达合作设立的达穆桑泽国际学院中任教。这些实例说明，中非职业技术教育合作对于加强非洲人力资源开发、提升非洲青年就业率、促进非洲经济社会发展具有实际意义，也有助于推动中国优质教育资源"走出去"，提升中国教育的国际化水平。

（三） 中非医疗卫生交流与合作

医疗卫生事关人民的健康和福祉，是全球发展领域的重要议题。非洲医疗卫生条件总体落后，2014年西非地区埃博拉疫情暴发凸显了非洲公共卫生体系的脆弱性。中非医疗卫生合作是中非全方位合作的重要组成部分，是中非友好关系最有力的历史见证，也是中非命运共同体的一个缩影。2015年中非合作论坛约翰内斯堡峰会将公共卫生合作列为中非"十大合作计划"之一，标志着中非卫生合作上升至新的历史高度。

1. 中国长期向非洲国家派遣医疗队

从1963年中国向阿尔及利亚派出首支医疗队算起，至今已有55年的历史。中国援非医疗队持续时间长、派遣人数多、意义重大、影响深远，成为中国与发展中国家友好合作的典范。截至2015年，中国共向约50个非洲国家派遣援外医疗队员2.43万人次，诊疗各类患者超过2.7亿人次，并为当地培训了数以万计的医护人员，有上千名中国医疗队员获得受援国政府颁发的各种嘉奖，同时有51名中国医疗队员在受援国献出了宝贵的生命。[①] 目前约有1000名中国医疗

[①] 中国国家卫生健康委员会：《李斌主任出席中非部长级卫生合作发展会议并作主旨演讲》，2015年10月8日，中国政府网，http://www.moh.gov.cn/gjhzs/s3582/201510/2a0f1e0c8a6a4d23914e19a033710d0b.shtml。

员分布在44个非洲国家中。2016年中国与冈比亚、圣多美和普林西比复交以后，很快便恢复向这两国派遣医疗队。中国援非医疗队本着"不畏艰苦，甘于奉献，救死扶伤，大爱无疆"的精神，以高尚的医德和精湛的医术，为促进非洲医疗卫生事业发展、提升当地人民卫生健康水平做出了积极贡献，赢得了非洲以及国际社会的高度赞誉。

2. 中非共同抗击埃博拉疫情

2014年西非地区暴发严重的埃博拉出血热疫情后，中国政府迅速采取行动，开展了历史上最大规模的医疗卫生援外行动。中国累计向疫区及周边共13个国家提供了4轮总价值超过1.2亿美元的紧急援助，派遣医护人员1200多名；为塞拉利昂援建固定生物安全实验室，为利比里亚援建治疗中心；向几内亚、塞拉利昂、利比里亚等11国派遣30多批公共卫生、临床医疗和实验室检测专家组；累计完成公共卫生培训1.2万人次，提升有关国家疫情防控和公共卫生能力建设。[①] 中国的"无价、无私贡献"为最终战胜埃博拉疫情发挥了关键性和引领性的重要作用，是载入中国对非医疗卫生援助和国际对非医疗卫生合作史册的

---

① 中国国家卫生健康委员会：《金小桃副主任出席非洲抗击埃博拉国际大会》，2015年7月23日，中国政府网，http://www.moh.gov.cn/gjhzs/s3582/201507/f19b04ad13c14106a8f133896b54bc60.shtml。

重大事件。

3. 中国致力于增强非洲国家医疗卫生能力建设

中国政府继续为非洲国家无偿援建医院，改善医疗卫生基础设施，新近建成或在建的医院项目有南苏丹朱巴教学医院、安哥拉罗安达省总医院、毛里塔尼亚努瓦克肖特大学医学院等。中国向非洲国家医院赠送大批医疗设备和药品，以缓解当地缺医少药的局面；加大医疗卫生领域人才培训力度，培训了大量非洲医护人员和公共卫生专业人才；帮助非洲国家建立专科诊疗中心，如眼科中心、微创外科中心、骨科门诊等；支持中非医院建立长期稳定的对口合作关系，通过人员交流、医护培训、专业科室建设等方式提升非洲国家医院的总体诊疗水平。埃博拉疫情发生之后，中国大力支持非盟加快非洲疾控中心建设进程，提升非洲公共卫生体系和能力建设。

4. 中非医疗卫生合作机制不断完善

中非部长级卫生合作发展会议是中非合作论坛框架下的一个重要分论坛。2013 年 8 月，首届中非部长级卫生合作发展会议在北京举行，来自中国和 48 个非洲国家的卫生部长或其代表，以及非盟、世卫组织、联合国人口基金会等 8 个国际组织的代表与会。会议通过并发表了《北京宣言》，明确了新形势下扩大和深化中非卫生合作的重点领域。2015 年 10 月，第二届中非部长级卫生合作发展会议在南非开普敦召开，通过了《开普敦宣言》及其实施框架，明确以公共卫生体系建设为核心，全面提升中非卫生合作水平，这也是"后埃博拉时期"首次中非卫生领域高层次对话会。2017年4月，中非部长级医药卫生合作会议在南非比勒陀利亚召开，旨在全面落实中非合作论坛约翰内斯堡峰会成果，推动中非在医药领域的合作，进一步加强中非医疗卫生领域高层对话机制。

5. 中非医疗卫生合作模式不断创新

随着形势的发展和多年的经验积累，中非医疗卫生合作积极探索和尝试新模式。一是短期项目式医疗队。如从2010年起，中国向非洲派遣由临床专家组成的短期医疗队开展"光明行"活动，为非洲白内障患者进行免费复明手术，至今已在津巴布韦、莫桑比克、吉布提、苏丹、埃塞俄比亚等许多非洲国家开展过，使上万名非洲白内障患者得以重见光明。这种短期项目式医疗队更有针对性，更具灵活性，成效也非常显著，开创了中国援外医疗工作的新模式。二是专项传染病防控。2007—2014年中国与科摩罗启动青蒿素复方快速控制疟疾项目，8年内将该国疟疾死亡人数降为0，这是中非之间进行专项传染病防控合作的一次探索性尝试。未来几年，中国除了在肯尼亚、马拉维、多哥等国运用该模式建立抗疟示范区以外，还将在防治艾滋病、结核病等领域与非洲开展合作。三是加强国际多边合作。2015年4月，中国疾控中心与非盟8个成员国以及世界卫生组织、美国疾控中心、非洲实验医学协会等多家机构共同参与了非洲疾控中心建设的筹备工作。中非在医疗卫生领域开展多边合作的态势将会继续加强，合作主体呈现多元化。

（四）中非新闻媒体交流与合作

中非关系顺利发展需要双方新闻媒体界加强沟通，增进交流，扩大共识，加强合作，共同营造一个客观公正、积极有益、良好友善的舆论环境。近年来，中非新闻媒体界顺应时代潮流，在互设新闻机构、互派媒体记者、信息互换、联合采制、人员培训、行业研讨、新媒体领域以及合作机制建设等方面的合作不断扩大，对于增进中非人民相互了解、营造中非合作良好的舆论氛围发挥了重要作用。

1. 中国媒体在非洲落地发展情况良好

随着中非合作持续深入推进，中国主要媒体陆续在非洲设立分支机构。新华社非洲总分社已发展到下辖28个分社，负责撒哈拉以南非洲的新闻报道和营销工作。中央电视台非洲分台拥有先进的新闻采集、制作和播出系统，下设14个非洲记者站，聘用当地新闻从业人员130余人，逐步建成了覆盖非洲大陆的电视报道网络。中国国际广播电台使用阿拉伯语、斯瓦希里语、豪萨语、英语、法语等多种语言为非洲人民提供广播服务，在12个非洲国家建成了23家海外整频率落地分台，在埃及、肯尼亚、尼日利亚和津巴布韦设有4个记者站。纸媒方面，人民日报社在南非设立了非洲中心分社，在埃及设立了中东中心分社，另外在尼日利亚、阿尔及利亚等国设有记者站。《中国日报非洲版》2012年12月在肯尼亚创办，是在非洲发行的首份中国英文报纸。中国四达时代公司凭借自身技术、产品和运营模式优势，通过本土化运营，已在卢旺达、尼日利亚、肯尼亚、南非等30多个非洲国家注册成立了公司，开展数字电视运营，用户逐步增至1000万，成为非洲大陆发展最快，影响力越来越大的数字电视运营商。中国媒体机构或企业在非洲落地发展，以不同于西方媒体的视角，客观公正地报道非洲和中非关系，同时有力地推动了非洲广播电视和传媒业发展。

2. 非洲媒体记者来华采访

由于受经费限制等原因，非洲国家媒体很少向海外派遣常驻记者，在中国的非洲常驻记者也很少。这就造成了非洲媒体上许多关于中国和中非关系的报道都是转引自西方媒体，其中不乏消极负面甚至恶意歪曲的报道。为了改变这种状况，2012年中非合作论坛

第五届部长级会议决定设立"中非新闻交流中心"项目，旨在帮助非洲媒体全面深入了解中国国情和中非关系现状，推动中非媒体的交流与合作。该项目从2014年开始实施，此后每年一期，至2017年共举办了4期。该项目具有以下特点：一是持续时间长。每期10个月，相当于"半常驻"。二是受益的非洲媒体多。2014年首期项目有9个非洲国家的记者参加，2017年第四期已扩大至27国。三是对中国和中非关系进行全方位、立体式采访。非洲记者前往中国各地，走访不同的部门和行业，全面了解中国发展情况，深入考察中非合作现状，并以非洲媒体记者的视角，撰写并发回了大量关于中国和中非关系的报道，对于正确引导舆论发挥了重要作用。

3. 中非媒体交流合作机制化

为了全面加强中非媒体之间的交流与合作，首届中非媒体合作论坛2012年8月在北京召开。第二届和第三届论坛又分别于2014年和2016年召开，初步形成了两年一届的机制化安排。中非媒体合作论坛规模大、代表性广泛，每届都有40多个非洲国家以及非盟委员会、非洲广播联盟等组织参加，成为名副其实的中非媒体界最大盛会。论坛讨论议题非常广泛，取得成果丰富，其中首届论坛共签署9项合作协议，第二届论坛达成的合作协议增至19项，第三届为15项。

双方就打破西方媒体话语霸权、增强中非媒体国际话语权达成重要共识，标志着中非媒体交流与合作不断向纵深发展。

4. 中国支持非洲广播电视数字化建设

广播电视数字化代表着未来的发展方向，中国积极支持非洲广播电视数字化建设。为了让广大非洲村民能够看上卫星电视，习近平主席在中非合作论坛约翰内斯堡峰会上宣布中国将为非洲一万个村落实施收看卫星电视项目，称为"万村通"项目，这也是中非人文合作计划的一项重要内容。该项目共涉及25个非洲国家的10112个村落，由中国四达时代集团公司具体落实执行。2017年8月，"万村通"项目在尼日利亚首都阿布贾郊区正式启动。肯尼亚、乌干达、莫桑比克等国的"万村通"项目都在积极推进落实。2018年5月，全国人大常委会委员长栗战书和莫桑比克议会议长马卡莫共同出席了莫桑比克"万村通"项目启动仪式。该国社会各界高度评价"万村通"项目，称这一项目"让居住在大城市之外的人们也能够看上卫星电视，不仅改变了当地信息传播方式，而且有助于促进当地经济社会发展"。

（五）中非其他人文交流与合作

人文交流与合作领域广、范围大、涉及面多。除了上述文化教育、医疗卫生、新闻媒体等领域外，中非人文交流与合作呈现日益扩大、全面开花的良好势头。

1. **中非民间交流与合作**

为了夯实中非关系的民意和社会基础，中非民间论坛创立于2011年，至今已在非洲和中国轮流举办了4届会议。2011年8月，首届中非民间论坛在肯尼亚首都内罗毕举行，通过了《内罗毕宣言》，确立了加强中非民间交往的三项原则：增进民间友好，促进务实合作，推动世界和平。第二届论坛2012年7月在中国苏州召开，时任国家副主席习近平出席并发表重要讲话。第三届论坛2014年5月在苏丹首都喀土穆举行，通过了《中非民间友好合作伙伴计划书（喀土穆报告）》。第四届论坛2015年8月在中国义乌市举行，就共建中非命运共同体达成广泛共识。中非民间论坛以促进双方民间友好为己任，配合官方重大决策和行动，成为中非民间交流合作的一个重要平台和中非合作论坛框架下的分论坛之一。

2. **中非智库交流与合作**

随着中非关系快速发展，双方都认识到思想文化交流及学术交流的重要性，日益重视发挥智库的作用。中非智库论坛创立于2011年，迄今分别在中国、埃塞俄比亚、南非等国成功举办了6届会议，成为中非智库交流的一个重要平台和中非合作论坛框架下的一个机制化分论坛。中非智库"10+10合作伙伴计划"于2013年10月启动，旨在推动中非学术界建立长期稳定的合作关系，中国社会科学院西亚非洲研究所与塞内加尔非洲社会科学研究发展理事会、北京大学非洲研究中心与摩洛哥穆罕默德五世大学非洲研究所、浙江师范大学非洲研究院和尼日利亚国际问题研究所等中非各10家研究机构结成合作伙伴关系。此外，中非联合研究交流计划已经实施了近10年，形成了一系列有价值的思想学术成果，中非智库交流与合作从少到多，由浅入深，成果不断积累，研究队伍日益壮大，为推动中非关系更好发展建言献策，提供理论支撑和智力支持，对于丰富中非人文交流与合作具有重要意义。

3. 中非青年交流与合作

习近平主席指出，中非关系是面向未来的事业，需要一代又一代中非有志青年共同接续奋斗。为了加强中非青年之间的交流，首届中非青年领导人论坛2011年5月在纳米比亚首都温得和克成功举行。此后双方同意将该论坛机制化，配合中非合作论坛部长级会议或者峰会，每三年一次，在中国和非洲轮流举办。根据这种安排，第二届论坛2012年6月在北京举行，配合中非合作论坛第五届部长级会议。第三届论坛2015年3月在坦桑尼亚知名城市阿鲁沙举行，配合中非合作论坛约翰内斯堡峰会暨第六届部长级会议。第四届论坛2018年5月在中国深圳举行，旨在配合将于2018年9月召开的中非合作论坛北京峰会，为其营造良好氛围。该论坛在创立伊始有中国和18个非洲国家的青年代表参加，从第二届开始便增至中国和近40个非洲国家的青年代表参加，显示了巨大的吸引力和号召力。此外，中非合作论坛约翰内斯堡峰会达成的"中非青年大联欢"活动已分别在中国广州和南非比勒陀利亚举办过两届。中非青年交流的参与者越来越多，形式更加多样化，活动更加丰富多彩，有利于增进中非青年之间的相互了解和彼此友谊，增强他们投身于中非友好合作的使命感和担当。

四　中非和平与安全合作日益深化

和平与安全是千百年来人类社会共同的美好夙愿，建设一个持久和平与普遍安全的世界是构建人类命运共同体的首要目标和重要基石。经过几十年的努力，非洲大陆已逐步走出大规模战乱和冲突的阴霾，和平、安全、稳定成为大势所趋、人心所向。另一方面，非洲地区局部战乱和冲突仍时有发生，恐怖主义威胁大幅上升，非传统安全威胁有增无减，外部势力的政治和军事干预依然存在，非洲自主和平与安全仍然面临一系列严重困难和挑战。中国历来珍爱和平，以维护世界和平为己任，积极参与非洲和平与安全事务，不断深化与非洲国家、非洲联盟以及国际社会在非洲和平与安全领域中的合作，为维护非洲大陆和平与安全做出了积极贡献。

（一）非洲和平与安全的不稳定因素

在西方看来，历史上非洲几乎从来没有凭借自己的力量独立完成平息和解决冲突的任务。非洲国家自身安全能力不足，对外依赖严重，西方大国则利用这种依赖性对非洲进行干涉和控制。长期的外部干预导致非洲政治动荡和社会发展进程扭曲，非洲自主和平与安全的努力经常遭受挫折。经过几十年的发展，非洲在自主和平与安全的道路上不断前进，取得长足进展。但是，影响、破坏非洲和平与安全的内部和外部因素依然广泛存在，而且非常复杂。

1. 非洲国家内部冲突隐患普遍存在

错综复杂的民族问题、宗教争端、党派矛盾、地区利益冲突在许多非洲国家普遍存在，大选危机、权力斗争、政权更替、政局动荡时有发生，人民总体贫困、社会贫富分化、失业率高企等问题依然严重。这些矛盾和问题长期积累，得不到有效解决，就有可能引发国内冲突和动荡。2011年以来，科特迪瓦、马里、中非共和国等国发生严重内乱，在外部军事干预下才得以平息，不仅严重危及本国及地区和平与安全，而且给外来干预造成可乘之机，使地区形势复杂化。2017年冈比亚、加蓬、肯尼亚等国举行大选，虽然没有引发大规模暴力事件，但严重的选举争议造成社会形势紧张。

2. 非洲国家间冲突威胁依然存在

由于一些领土纠纷、边界争端、民族矛盾等历史遗留问题和政治、经济、资源分配等现实利益之争，非洲国家之间发生冲突甚至战争的危险性依然存在。例如，非洲之角厄立特里亚与埃塞俄比亚、吉布提之间的领土边界争端至今仍未解决，坦桑尼亚与马拉维之间关于马拉维湖的划界争端依然存在，非洲一些相邻沿海国家之间就海洋划界和海洋权益问题存在诸多争议。这些问题对于国家关系与地区和平稳定都构成潜在威胁，而且容易被外部势力利用，卷入复杂的国际纷争，使非洲国家间联合自强的努力受到削弱。

3. 非洲面临的恐怖主义威胁不断上升

当今世界恐怖主义愈演愈烈，非洲不仅未能幸免于难，而且成为恐怖主义活动最活跃、受恐怖主义威胁最严重的地区之一。"基地组织"马格里布分支、索马里"青年党"和尼日利亚"博科圣地"这三大恐怖主义组织分别活跃在非洲北部、东部和西部地区，它们之间又相互渗透，不断扩散，从而形成了一个"不稳定之弧"非洲恐怖主义策源地。其他的一些恐怖主义、极端主义组织或团伙不断滋生蔓延，各种形式的恐怖暴力活动此起彼伏，对非洲安全构成严重威胁和挑战，并给非洲各国经济和社会发展带来非常不利的影响。

4. 非洲面临的非传统安全威胁有增无减

除了严重的恐怖主义威胁以外，非洲面临的各种非传统安全问题日益凸显。轻小型武器扩散危及社会安全和国家治理，各种类型的跨国犯罪屡禁不止，索马里海域和几内亚湾海盗活动此起彼伏，各种传染性疾病和重大公共卫生事件多发，危害性严重，粮食安全问题导致饥饿人口比例居高不下，气候变化造成生态环境恶化、农业生产受影响，等等。这些非传统安全威胁具有多样性、潜在性、突发性、互动性、跨国性、不可控性等显著特点，对非洲安全和经济社会发展的危害性难以估量，并且绝非一国之力所能解决，既需要非洲国家自身的努力，又需要国际社会的支持与合作，方能共同应对。非洲和国际社会联手抗击西非埃博拉病毒就是一个典例。

5. 贫困和经济不独立严重制约非洲的自主和平与安全能力

长期以来，非洲一直饱受贫困之苦，至今仍然是全世界最贫困的大陆,撒哈拉以南非洲更是世界上贫困人口最集中、贫困率最高的地区。据世界银行统计数据,撒哈拉以南非洲10.3亿人口中,日均生活费不足1.9美元的贫困人口达3.89亿,贫困率高达38%。[1]联合国划定的全球39个重债穷国中,仅撒哈拉以南非洲国家就占33个。近年来非洲大陆的减贫努力虽然取得了一定成效,但总体上进展较为缓慢,未来脱贫之路依然漫长。贫困是非洲动荡不安和恐怖主义的根源之一,只要贫困问题得不到完全解决,非洲安全就难以有根本保障。与此同时,大多数非洲国家经济基础薄弱,经济独立性较差,对外援依赖严重,维护和平与安全所需的经费开支没有保障。即便是非盟也面临经费严重不足的问题,在很大程度上依靠外部援助,导致其自主和平与安全行动受到制约,相关能力建设进展缓慢。

6. 西方大国的军事存在和干预威胁长期存在

美国、法国等西方大国在非洲拥有大量驻军和多处军事基地,它们打着"人权高于主权""保护的责任""打击恐怖主义"等幌子扩大在非洲的军事存在,干涉非洲国家事务,名为维护非洲地区和平安全,实

---

[1] The World Bank, *Annual Report* 2017, https://openknowledge.worldbank.org/bitstream/handle/10986/27986/9781464811197.pdf?sequence=2&isAllowed=y, p. 39.

为加强对非洲的影响和控制，谋求在非洲的利益最大化。2011年，西方国家不顾非洲和国际社会的坚决反对，悍然对利比亚发动大规模军事行动，以武力干涉他国内政，致使该国陷入战乱冲突，带来严重的人道主义危机，进而威胁地区和平安全。时至今日，曾经和平繁荣的利比亚仍然处在动荡分裂的阴影之中。

和平与安全问题给非洲带来了多维度的严重后果。首先是导致大量人员伤亡，国家陷入动荡；其次是严重破坏国家发展的经济、社会基础；再次是严重损害国家形象，让本国民众对国家发展失去信心，让外国投资者望而却步；四是政府在安全治理上投入大量的人财物力，挤占了经济、社会发展资源。在安全威胁的阴影下，经济活动无法开展，社会正常发展受到迟滞，从而陷入了"不发展—不安全—更不发展"的恶性循环之中。

（二）中非和平与安全合作成效显著

中国坚持认为，非洲的稳定与发展归根结底是非洲国家和人民自己的事情。中国大力支持非洲各国、非洲联盟及各次区域组织依靠自身力量，以非洲方式解决非洲问题，最终实现自主和平与安全。在现阶段非洲面临的安全形势异常复杂、非洲自主和平与安全能力尚欠缺的情况下，积极参与非洲和平与安全事务，不断深化在该领域的合作,既有利于维护非洲和平与稳定,促进该地区经济社会发展,又体现了中国的大国责任,显示了中国的大国担当。2015年中非合作论坛约翰内斯堡峰会将"坚持安全上守望相助"确定为中非全面战略合作伙伴关系的"五大支柱"之一,将和平安全合作列为中非"十大合作计划"之一,凸显了和平与安全事务在新时代中非友好合作关系中的重要地位。

1. 中国积极参加联合国在非洲的维和行动

联合国维和行动致力于维护包括非洲在内的全世界和平,谋求全人类福祉,中国是联合国维和行动的坚定支持者和积极参与者。1990年以来,中国先后参加了24项联合国维和行动,累计派出维和人员3.7万余人次,有13名中国军人牺牲在维和一线。其中,非洲是中国执行联合国维和任务最多、最主要的地区,共参加了16项维和行动,累计派出维和人员约3万人次。目前,尚有2507名中国军人正在联合国7个任务区及维和行动部执行任务,包括13支维和分队的2419名官兵以及88名军事观察员和参谋军官。[①] 其中,绝大部分任务区都在非洲,包括马里、苏丹达尔富尔、

---

① 于晓泉、常天童:《中国参与联合国维和行动28周年记事》,2018年5月30日,国防部网站,http://www.mod.gov.cn/action/2018-05/30/content_4815624.htm。

南苏丹、刚果（金）等。2018年2月，最后一支中国驻利比里亚维和部队撤离，标志着中国在利比里亚长达14年的维和行动圆满结束，该国总统乔治·维阿签署并授予中国维和部队"利比里亚国家奖"。中国维和军人不畏艰险、不怕牺牲、不辱使命，以实际行动为维护非洲和平与稳定做出重要贡献，彰显了中国"爱和平、负责任"的大国风范。中国是联合国安理会五大常任理事国中派出维和部队最多的国家，也是联合国维和行动的第二大资金贡献国，被国际社会誉为"维和行动的关键因素和关键力量"。2018年是联合国开展维和行动70周年，也是中国参加联合国维和行动28周年。联合国使用6种工作语言及斯瓦希里语、葡萄牙语制作了一批图片及音视频，详细介绍中国对联合国维和行动的突出贡献，表达对中国的赞誉和感谢之情。

2. 中国致力于维护非洲海域和国际航海安全

在全球高危海域中，亚丁湾、索马里海域和几内亚湾的海盗活动非常猖獗，海盗时常袭击海上油气设施、劫掠过往船只、绑架甚至杀害人质、从事跨国犯罪，给海上运输、沿岸国家乃至国际社会造成巨大危害。根据联合国有关决议和授权，中国从2008年起向亚丁湾、索马里海域派出海军护航编队执行护航任务，迄今总共派出29批，累计为6400余艘中外船舶护航。目前正在执行护航任务的第29批护航编队由滨州舰、徐州舰、千岛湖舰组成，于 2018 年 4 月派出。10 年来，中国海军护航编队为保障来往亚丁湾、索马里海域的世界各国船只和人员安全做出了重要贡献，受到非洲以及国际社会的高度赞誉。此外，中国海军护航编队本着"务实、开放、合作"的精神，对非洲多国进行友好访问，加强双方军队之间的务实交流与合作。在国际社会的共同努力之下，亚丁湾、索马里海域的海盗活动得到有效遏制，海上安全形势大为好转。但是，非洲西部几内亚湾的海盗活动依然猖獗，这里的安全形势长期得不到改善，而且有趋于复杂化的危险。中国非常关注几内亚湾安全问题，与沿岸非洲国家加强合作，采取综合治理措施，努力改善该海域的安全状况。例如，2014 年 5 月中国海军第 16 批护航编队访问尼日利亚拉各斯港，与该国也是非洲国家军队首次在几内亚湾举行反海盗联合演练。2018 年 6 月，中国海军第 29 批护航编队访问喀麦隆和加蓬，与两国海军分别举行海上联合演练，有利于加强中非在维护几内亚湾安全上的合作。

3. 中国大力支持非洲自主和平安全能力建设

中国坚定支持非洲以和平谋发展，以发展促和平，通过加强自身能力建设，最终实现自主和平与安全。习近平主席在 2015 年 9 月联合国维和峰会上宣布，中国将向非盟提供 1 亿美元的无偿援助，支持非洲常备军和危机应对快速反应部队建设，支持非洲国家加强国防、反恐、防暴、海关监管、移民管控等方面的能力建设。中国不断扩大对非洲国家军队的培训规模和力度，创新培训模式，每年都有大批非洲国家军人来中国接受军事培训，同时中国还向非洲国家派出大量军事专家，承担军事院校教学、部队训练、装备维修、医疗卫生等任务，帮助它们加强国防和军事能力建设。此外，中国还积极支持并参与非洲战乱和冲突国家实现和平后的重建进程，包括塞拉利昂、利比里亚、苏丹、安哥拉、刚果（金）等国，向它们提供紧急人道主义援助和发展援助，加强双方经贸领域合作，鼓励中资企业前往投资，帮助这些国家重建家园，实现持久和平与发展繁荣的目标。

4. 中国坚定支持非洲反对恐怖主义、应对非传统安全挑战

恐怖主义是人类共同的敌人，中国坚定支持非洲的反恐努力，帮助非洲提升反恐能力，加强与非洲在反恐领域的交流与合作，有效预防和打击恐怖主义。中国政府认为，"非洲反恐工作是全球反恐努力的重要组成部分，要高度重视非洲在国际反恐斗争中的前沿地位"[①]。2014年5月，在"博科圣地"恐怖暴力活动

---

① 刘结一：《要高度重视非洲在国际反恐斗争中前沿地位》，2014年12月20日，中国新闻网，http://www.chinanews.com/gn/2014/12-20/6895571.shtml。

最为猖獗的时候，李克强总理仍然如期访问非洲，双方就打击恐怖主义、维护非洲和平与安全达成多项共识，将进一步加强在人员培训、情报共享、联合演练、能力建设等方面的合作。在维和部队反恐方面，中国派驻非洲有关国家的维和部队积极参与联合国多国维和部队反恐救援联合演习，不断提升反恐能力，做好反恐准备。面对日趋严峻的各种非传统安全挑战，中国与非洲全面加强合作，帮助非洲国家开展综合治理，有效预防和打击跨国犯罪；采取严格管控措施，防止轻小型武器在非洲扩散；大力发展农业，实现粮食自给，保障非洲粮食安全；维护发展中国家共同立场，坚持"共同但有区别"的原则，积极应对全球气候变化带来的不利影响；全面发展医疗卫生事业，提升非洲国家的医疗卫生水平和公共卫生安全。

（三）中非和平与安全合作的重要意义

关于非洲和平与安全问题，中国与西方国家在理念和做法上不甚相同。西方国家凭借其强大的军事力量和在非洲的军事存在，时常诉诸军事威慑、武力干预、单边行动、推动政权更迭等手段，这完全不利于非洲实现自主性、持久性和平与稳定。中国本着"真实亲诚"的对非政策理念和共建中非命运共同体思想，强调非洲主导、多边主义以及发展安全观等，加强与非洲在和平安全事务上的合作,从而形成了自己的鲜明特色,在国际上具有重要意义。

1. 坚持"非洲主导"安全观

中国自身坚持独立自主的外交政策,坚定奉行不干涉内政原则,同时认为非洲和平归根结底由非洲人来实现,非洲安全最终须由非洲人来维护;对非洲和平安全事务合作应本着"非洲提出、非洲同意、非洲主导"的原则进行,充分尊重非洲人自主决定非洲和平与安全事务的权利;支持"非洲人以非洲方式解决非洲问题",反对外部势力以任何借口对非洲进行武力威胁、军事干预等霸权主义行径,反对在非洲从事政权更迭、培养代理人等做法。"非洲主导"安全观既是目标,也是原则,是非洲和国际社会共同努力的方向。

2. 强调多边主义安全观

当今世界多极化趋势继续发展,中国坚定不移地走多边主义道路,支持和维护以联合国为中心的国际多边体系,推动和深化国际多边合作,坚决反对单边主义及其行径,反对"本国至上""本国优先"等单边主义思想和做法。在非洲和平与安全问题上,中国同样奉行多边主义原则和政策,支持非洲集体安全机制建设,支持非盟和南共体、西共体等次区域组织发挥重要作用。中国目前只参加联合国或者非盟主导下的多边维和行动,从不采取单边主义或者未经合法授权的行动,这与西方国家常常未经联合国授权或者不顾非盟强烈反对而强行采取单边主义行动有根本区别。

3. 倡导发展安全观

中国认为,贫困是动荡的根源,是恐怖主义产生的温床;发展是解决一切问题的总钥匙,要坚持以和平促发展,以发展谋和平,标本兼治解决世界各国面临的安全问题。非洲动乱的根源在于经济落后,发展不足,贫困问题严重;无论传统安全还是非传统安全,与发展问题都息息相关;解决非洲安全问题,必须坚持发展安全观,通过加快发展经济,彻底消除贫困,方能实现普遍持久的和平与安全。

总体来看,通过与非洲及国际社会多领域、多层次、多渠道的合作,中国已成为维护非洲和平与稳定的建设性力量,推动了该地区和平与安全事业的发展以及自主和平与安全能力的提高。中国参与非洲有关国家危机管理和战后重建,有助于其实现和平稳定与经济发展,也有助于改善全球安全治理状况。对中国而言,相关行动和贡献有助于树立中国负责任大国的形象,维护中国在非洲各方面的利益,推动中国进一步融入并且改善国际体系。

第二章　新时代中非友好合作新机遇和新挑战

中国特色社会主义进入新时代将会对世界产生重大影响，为非洲发展和中非友好合作带来新的历史机遇。从全球层面来说，经济全球化大趋势不可逆转，世界经济复苏和发展进程良好，国际社会越来越重视非洲，为中非友好合作提供了有利的国际大环境。从中国方面来说，迈入新时代的中国将继续扩大深化对外开放，着力推进产业转型升级，积极推动国际三方合作，大力发展数字经济，主导成立新的国际金融机构和创新融资模式，推进人民币国际化，为中非友好合作带来新机遇，注入新动力。从非洲方面来说，近年来非洲政治、经济、安全形势总体上趋好，而且未来发展趋势看好，为中非之间开展更多领域、更高层次的务实合作提供了良好条件。与此同时，我们也要看到，中非合作不会一帆风顺，还面临诸多层面的问题和挑战。这就更加需要中非之间秉承"真实亲诚"

理念，本着平等互利、合作共赢的原则，以携手共建中非命运共同体和人类命运共同体为目标，全面加强合作，共同迎接挑战，实现共同发展。

一 世界经济复苏为中非友好合作带来新机遇

在经济全球化继续深入发展的大背景下，良好的世界宏观经济形势有利于中国和非洲国家经济稳定发展，有利于双方开展更为深入的合作。近些年来，在中非合作的引领带动下，国际社会对非洲的重视程度大大加强，这有利于提升非洲在国际上的地位，也为非洲国家开展更大范围的国际经济合作提供了良好条件。

（一）全球经济复苏发展的进程良好

2017年以来，全球经济稳定发展，为推动国际合作创造了良好的宏观条件。此阶段全球经济的最大特点是主要经济体复苏的同步性显著增强，发达经济体除美国外，欧元区、英国和日本经济均增长强劲；在新兴经济体中，除中国和印度外，其他主要新兴经济体也都展现了明显的复苏态势。国际货币基金组织（IMF）在《2018年经济展望》中上调了对今明两年全球经济增速的预期，均由3.7%调高至3.9%，对全球经济复苏前景看好。另外，石油价格自2017年8月以来开始快速反弹，2018年5月17日Brent原油上探至80.18美元/桶，WTI原油最高上探至72.3美元/桶，这也是全球总需求增加的表现之一。

中国、美国和欧元区是对全球经济增长贡献率最大的三个经济体，是拉动全球经济复苏的主要动力。欧美发达国家经济向好态势大大超出市场预期，为国际经济平稳复苏注入了强劲动力。其中，美国经济表现优秀。2017年年底美国税改落地，居民收入与企业盈利水平有所提升，提振了国内的消费与投资，支撑美国经济上行；2017年GDP增长2.3%，高于2016年的1.5%。IMF将2018年美国经济增速预期由2.3%上调至2.7%，2019年上调至2.5%。欧洲地区保持平稳发展。2017年以来，欧洲进入了自国际金融危机以来最好的经济增长阶段。欧元区2017年第四季度GDP同比增长2.7%，同三季度数据持平，维持了10年来最高增速。2017年欧洲经济的亮眼表现得益于内需强劲增长，叠加外部需求回暖。IMF对2018年欧元区经济增速预期由1.9%上调至2.2%，2019年上调至2.0%。

中国以及亚洲地区经济增长加速，成为继续引领全球经济增长的重要动力。2017年中国GDP同比增长

6.9%，采购经理指数（PMI）在 2017 年 9 月达到 52.4 的相对高点，高于人们对中国经济增长的预期。除传统基建和房地产外，服务业和新经济已成为推动中国经济发展的新动能。此外，去杠杆、房地产调控、环境保护、加速供给侧改革等政策措施，也为中国经济保持稳健增长保驾护航。日本经济持续温和复苏也为全球经济总体复苏做出了贡献。2017 年第四季度，日本 GDP 环比增长 0.1%，实现连续 8 个季度增长，迎来自 2001 年以来最长的经济扩张期。IMF 对日本经济增速预期由 0.7% 上调至 1.2%，2019 年的预期上调至 0.9%。① 日本经济本轮复苏，有赖于前期实施大规模的量化宽松货币政策及日元显著贬值等因素。

（二）新兴经济体保持良好发展势头

世界新兴经济体崛起给非洲国家带来了新的合作发展机遇。相比处于后工业化时代的发达国家，新兴经济体的刚性发展需求是全球经济增长的动力和引擎，强大的市场互补性将为非洲国家经济持续增长和发展带来强劲动力。新兴经济体崛起及其与非洲国家的发展合作是当前非洲面临的最大外部机遇。新兴经济体

---

① 本小节数据均来自 IMF, *World Economic Outlook, April 2018: Cyclical Upswing, Structural Change*, http://www.imf.org/en/Publications/WEO/Issues/2018/03/20/world-economic-outlook-april-2018。

是平衡西方的重要力量，有利于非洲自主选择发展道路。新兴经济体是非洲贸易和投资的重要伙伴，已与非洲的传统经贸合作伙伴形成竞争态势，有利于部分解决非洲国家经济转型所需的资金和技术问题。新兴经济体进行产业升级，是非洲实现工业化难得的历史机遇。经过几十年的快速发展，新兴经济体工业化水平有了很大提升，现在到了产业转型升级的关键时期，如果对接得当，非洲工业化进程将迎来明显加速。此外，随着新兴经济体迅速崛起，非洲国家开始"向东看"，学习新兴经济体的发展经验，探索深化同新兴经济体合作的新领域和新方式。同是发展中国家的属性，也使新兴经济体与非洲国家具有诸多共同的利益追求，为双方合作提供了动力。

得益于外部需求大幅增长以及总体稳定的国内消费需求，2017年世界新兴经济体的经济增速明显提升。从金砖国家来看，中国经济保持6.9%的中高速增长，对全球经济增长贡献了约1/3，继续扮演世界经济新引擎的角色。印度经济增长率虽然有所下滑，但仍保持较高水平，2017年GDP同比增长约6.7%。2017年11月，印度宣布实施近10万亿卢比（约1492亿美元）的经济刺激计划，预计2018年其经济增长将明显提速。俄罗斯与巴西经济开始走出衰退，经济增速由负转正。2017年俄罗斯GDP增长率约为1.8%，巴西

GDP 增长率为 1.04%，均呈现良好的复苏态势。从新兴 11 国（E11，阿根廷、巴西、中国、印度、印尼、韩国、墨西哥、俄罗斯、沙特阿拉伯、南非和土耳其）的发展来看，全球新兴经济体的经济发展呈趋稳回升之势，增长速度大幅提升。根据国际货币基金组织（IMF）的数据测算，2017 年 E11 的 GDP 增长率约为 5.1%，比 2016 年提高 0.5 个百分点，比世界平均高 1.4 个百分点，是 2011 年以来的首次回升。

在全球经济总体复苏的大背景下，预计在未来一段时间里，新兴经济体还将保持稳中向好的发展态势，这有利于新兴经济体扩大深化与非洲国家的合作，中非合作也将从中受益。

（三）全球新经济、新产业快速崛起

2008 年金融危机之后，全球经济进入一个新的发展阶段。传统经济持续低迷，新经济快速崛起。当前，以云计算、大数据、人工智能、区块链等为代表的新一代信息技术迅猛发展，以数字化、网络化、智能化为特征的信息化新经济浪潮兴起，加速了信息技术与经济社会各领域、各行业的融合创新，推动着全球进入数字经济新时代。根据麦肯锡全球研究院发布的《全球数字经济竞争力（2017）》报告，2016 年美国、中国、日本和英国的数字经济规模分别达 11 万亿、

3.8万亿、2.3万亿和1.43万亿美元,占各国GDP的比重分别达59.2%、30.1%、45.9%和54.5%。① 未来很长一段时间内,数字经济将是全球经济发展的主线。

数字经济时代的到来给非洲发展及其与世界的合作带来了新机遇。研究表明,数字化程度每提高10%,将拉动0.5%—0.62%的经济增长。当前非洲各国数字经济发展不一,总体上处于起步阶段。发展数字经济可以使非洲国家利用技术手段提高民众的生活水平,并为教育、贸易和生产带来一系列便利,缩小与发达国家的差距。受世界互联网发展的带动以及全球经济一体化的影响,大多数非洲国家都在积极制定数字经济发展规划,具有较大的发展潜力。

(四) 国际社会对非洲关注程度加大

近些年来,非洲经济实现了较快发展,投资环境逐步改善。非洲国家联合自强的努力使非洲大陆作为一个整体的地位有所提升,在国际事务中影响力大为加强。当前重大国际事务——从推进世界和平与发展到构建国际政治经济新秩序,从联合国改革到全球治

---

① 麦肯锡全球研究院:《全球数字经济竞争力指数(2017)》,2017年12月,中国数谷,http://www.cbdio.com/BigData/2017-12/29/content_5655604.htm。

理体系的完善，从反恐斗争到解决非法移民和跨国犯罪，从应对全球气候变化到解决能源、粮食危机，都离不开非洲的积极参与和合作。

当前，拥有丰富资源和巨大市场潜力的非洲正在成为世界各国争夺发展资源和谋求竞争优势的重要舞台。西方大国基于战略利益和安全考虑纷纷加大对非洲的关注力度，尤其是中国与非洲经贸合作的密切让西方国家危机感和紧迫感加强，美、法、英等国都将中非关系的发展视为对其在非洲既得利益的挑战。西方国家纷纷调整对非洲的政策，加大对非洲的投入。美国提出构建面向21世纪的"美非新型伙伴关系"，欧盟提出面向21世纪的"新型战略伙伴关系"，日本为争取联合国常任理事国地位，也从增加对非洲的经济援助入手，加强同非洲的关系。在非洲大陆，正在形成以中、美、法、英、日、德、俄等国在内的第一梯队竞逐格局。除上述国家外，世界主要新兴经济体也在逐渐加强对非洲的关注力度。印度近年来极力争取非洲国家对其成为联合国安理会常任理事国的支持，并采用了与其他国家向非洲提供大量经济援助不同的策略，打出科技合作牌，以期通过向非洲输出教育、文化、技术等"软实力"的方式获得非洲国家的政治支持。印度尼西亚、土耳其、伊朗、沙特阿拉伯、阿联酋等国也采用不同的方式，加强与非洲国家的合作，比如沙特、阿联酋等国大幅增加了对非洲国家房地产、酒店、交通与电信等基础设施的投资力度。

非洲大陆正在成为世界投资的热土。非洲丰富的自然资源、巨大的市场潜力和尚未完全释放的人口红利吸引着国际资本的目光。欧盟国家是非洲最重要的投资来源国，来自中国的投资在逐渐增加，美国、日本等发达国家对非洲的投资也在持续；世界主要新兴经济体对非洲投资全面发力，韩国、印度、印度尼西亚是最具代表性的国家。从外资流向上看，除了传统的资源能源领域外，农业、旅游、基础设施和商业等领域已逐步吸引更多外资。一些国家开始投资非洲的高技术产业，美国的谷歌、微软和国际商业机器公司（IBM）等，都在非洲设立了分支机构，进行技术和产品开发。

二　新时代中国发展为中非友好合作带来新机遇

中国特色社会主义进入新时代之后，将继续扩大深化对外开放，着力推进产业转型升级，积极推动国际三方合作，大力发展数字经济，主导成立新的国际金融机构和创新融资模式，加快人民币国际化进程，这些都将为中非友好合作带来新机遇，注入新动力。

（一）中国改革开放 40 年成就伟大

1978 年 12 月，中共十一届三中全会确立实行对内改革、对外开放的伟大政策，标志着中国从此进入改革开放和社会主义现代化建设的新时期。2018 年是中国改革开放 40 周年，经过 40 年的不断探索，中国逐步走出了一条适合自身国情的发展道路，取得了举世瞩目的伟大成就，经济社会发生了巨大变化。

改革开放 40 年以来，中国经济持续快速发展。1978 年中国经济总量只有 3679 亿元人民币，2017 年增至 82.71 万亿元人民币（相当于 12.2 万亿美元），是 1978 年的 220 多倍；中国经济总量占世界的比重由 1978 年的 1.8% 上升到 2017 年的 16%，成为世界第二大经济体，仅次于美国。[1] 中国工业化进程快速发展，产业结构日趋合理。目前中国拥有 39 个工业大类，191 个工业中类，525 个工业小类，是全世界唯一拥有联合国产业分类中全部工业门类的国家，形成了一个举世无双、行业齐全的工业体系。

改革开放 40 年以来，中国人民生活水平不断提高。1978 年中国人均 GDP 只有 381 元人民币，仅为同期印度的 2/3，是当时世界上典型的低收入国家；2017

---

[1] 张建平、沈博：《改革开放 40 年中国经济发展成就及其对世界的影响》，《当代世界》2018 年第 5 期。

年中国人均 GDP 增至 59660 元人民币（近 8800 美元），是 1978 年的 150 多倍，跻身世界中等偏上收入国家行列。[①] 经过 40 年发展，中国共计有 7 亿多人脱离贫困，为世界减贫事业和人类社会发展做出了巨大贡献。中国通过经济、政治、社会等全方位改革，不断改善民生，让广大人民过上富裕、幸福、文明的美好新生活，让每个中国人都切实感受到改革开放带来的好处，这是中国实行改革开放的初心，也是 40 年改革开放最大的成就之一。

改革开放 40 年以来，中国为世界和平与发展做出了巨大贡献。中国积极融入经济全球化进程，对外贸易和对外投资持续增长，极大地拉动了世界经济发展。据中国海关统计，2017 年中国商品贸易总额 4.1 万亿美元，其中出口 2.3 万亿美元，进口 1.8 万亿美元，连续 9 年保持全球第一大商品出口国和第二大商品进口国地位。投资方面，据中国商务部数据，2016 年中国对外直接投资规模达 1961.5 亿美元，蝉联全球第二大投资国地位。中国经济实力不断增强，在世界市场中话语权的不断提升，对全球经济发展的影响力和贡献都将越来越大。在维护世界和平方面，中国是联合国维和行动的坚定支持者和积极参与者。1990 年以来

[①] 张建平、沈博：《改革开放 40 年中国经济发展成就及其对世界的影响》，《当代世界》2018 年第 5 期。

中国先后参加了24项联合国维和行动,累计派出维和人员3.7万余人次。目前尚有2507名中国军人正在联合国7个任务区及维和行动部执行任务,包括13支维和分队的2419名官兵,以及88名军事观察员和参谋军官。① 中国是安理会五大常任理事国中派出维和部队最多的国家,也是联合国维和行动的第二大资金贡献国。随着对世界的贡献越来越大,中国自身的国际地位也不断提高。

作为当今世界最大的发展中国家,中国40年改革开放的伟大成就将会为包括非洲在内的广大发展中国家提供重要借鉴,为它们探索适合本国国情的发展路径和发展模式提供重要经验,从而为全球可持续发展提供重要支持,这将惠及全世界。正如习近平总书记在党的十九大报告中指出的:"中国特色社会主义进入新时代意味着中国特色社会主义道路、理论、制度、文化不断发展,拓展了发展中国家走向现代化的途径,给世界上那些既希望加快发展又希望保持自身独立性的国家和民族提供了全新选择,为解决人类问题贡献了中国智慧和中国方案。"

---

① 于晓泉、常天童:《中国参与联合国维和行动28周年记事》,2018年5月30日,国防部网站,http://www.mod.gov.cn/action/2018-05/30/content_ 4815624.htm。

（二）中国继续扩大深化对外开放

党的十九大报告以"坚持和平发展道路，推动构建人类命运共同体"为主题对中国特色社会主义新时代的对外关系理念和政策进行了系统阐述。2018年《政府工作报告》提出，中国将推动形成全面开放新格局，以"一带一路"建设为重点推进国际合作；具体内容包括拓展对外贸易、实行高水平的贸易投资自由化和便利化、扩大服务业对外开放、探索建设自由贸易港、促进国际产能合作等。在2018年博鳌亚洲论坛开幕式演讲中，习近平主席宣布了中国扩大开放一系列新的重大举措。中国将继续深化对外开放，为当前充满不确定性的国际局势提供了可预期的稳定性，这将对新时代中非友好合作产生重大而积极的影响。

"一带一路"倡议是中国继续深化对外开放的重要平台，未来很长一段时间内，中国都将积极推进"一带一路"国际合作，努力实现政策沟通、设施联通、贸易畅通、资金融通、民心相通，加大对发展中国家特别是最不发达国家的援助力度，促进缩小南北之间的发展差距，这对包括非洲在内的广大发展中国家而言不啻为福音。中非双方在拓展经贸合作上已经取得不俗的成就，非洲是"一带一路"的重要节点，"一带一路"建设为中非友好合作创造了历史性机遇，为共筑中非命运共同体拓展了广阔空间。

2014年5月李克强总理访问非洲时提出，中国愿与非洲合作实施高速铁路、高速公路、区域航空等"三大网络"建设，积极参与非洲工业化进程。2015年12月习近平主席在中非合作论坛约翰内斯堡峰会上系统阐述了中国发展对非关系的新思路、新理念，提出促进中非合作发展的一系列新举措，包括夯实中非关系"五大支柱"、着力实施"十大合作计划"等。这为中非关系发展指明了方向，为中非友好合作提供了强有力保障。中国继续扩大对外开放既是中国自身发展的需要，也给世界发展带来重要机遇，非洲可以搭乘中国发展的快车，通过进一步加强中非合作实现自身可持续发展。

（三）中国着力推进产业转型升级

中国的产业转型升级需求与非洲的工业化发展战略和需求高度契合，中非贸易合作正在由一般商品贸易逐步向产能合作和加工贸易升级。经过40年的改革开放，中国拥有的大量优势产业和富余产能亟须转移海外，以谋求更大的发展空间。非洲拥有丰富的待开发资源，拥有12亿人口的潜在巨大市场，拥有充足的青年劳动力，是新一轮国际产业转移的主要承接地之一。推进工业化进程、实现经济多元化是许多非洲国家重要的发展战略选择。中非之间的需求互补和战略契合推动了双方合作顺利开展。2015年中非合作论坛约翰内斯堡峰会以来，中国与非洲国家签订了数百亿美元的合作协议，共同建设了一批基础设施、经济特区和工业园区，埃塞俄比亚、肯尼亚、坦桑尼亚成为中国与非洲产能合作的示范承接地。中国国家发改委与埃塞俄比亚、尼日利亚、肯尼亚、坦桑尼亚、津巴布韦、埃及等国合作建立了产能合作协调机制；还积极为中国产业"走出去"搭建平台，与河北、江西、湖北、山东等18个省份签署合作协议，通过委省协同联动机制、"一省一国"机制指导有关省市立足产业发展优势，探索与非洲国家对口开展产能合作的新思路、新模式。

（四）中国加大力度发展数字经济

近年来，得益于政府的大力支持和巨大的国内市场，中国数字经济正处于跨越式发展的阶段。根据中国信息通信研究院的报告，2016年，中国数字经济规模已达22.6万亿元人民币，同比增长18.9%，占GDP的比重达30.3%，对GDP的贡献率达69.9%。[1] 相关

---

[1] 中国信息通信研究院：《中国数字经济发展白皮书（2017年）》，2017年7月，中国信通院，http://www.caict.ac.cn/kxyj/qwfb/bps/201707/P020170713408029202449.pdf，第19页。

数字经济指数也表明，数字经济增速明显高于中国宏观经济景气指数，已经成为拉动中国经济增长的重要动力。

非洲是世界最不发达地区，但其数字经济已开始崭露头角，中国与非洲在数字经济领域存在着较大的合作空间。一方面，中国的互联网市场已经趋向饱和，国内市场竞争激烈，而非洲刚刚步入数字经济时代，是科技互联网产业的最后一片蓝海。非洲逐渐提升的互联网普及率，移动支付迅速推广，巨大的人口红利以及逐年提高的教育水平等有利条件，都为中国数字科技企业深耕非洲市场提供了可能。另一方面，非洲国家还处在数字经济发展初期，尚缺乏发展数字经济所需的技术和经验，更缺乏制定和实施数字经济发展规划的能力，而中国已是公认的全球数字经济领军国家之一，在该领域具有很大的优势，有能力帮助非洲国家克服发展数字经济面临的困难，最大程度上释放数字经济的增长潜力。

（五）中国主导成立新的金融机构

新开发银行和亚洲基础设施投资银行（亚投行）是近年来中国主导成立的重要新型多边开发机构。新开发银行成立于2015年7月，主要资助金砖国家及其他发展中国家的基础设施建设，至今已批准了多个贷款项目，总额超过30亿美元，其中大部分投入太阳能、风能、小型水电、绿色能源传输等可持续发展项目；预计到2018年年底新开发银行的贷款总额将达到80亿美元。[①] 新开发银行在创始阶段便设立了非洲区域中心，积极推动扩员进程，埃及、尼日利亚等经济发展水平相对较高的非洲国家有望在未来加入。亚投行成立于2015年12月，旨在通过对基础设施及其他生产性领域的投资，促进发展中国家实现经济可持续发展。截至2017年年底，亚投行已开展了24个项目，贷款总额42亿美元，主要涉及能源、交通和城市基础设施等领域，位于菲律宾、印度、巴基斯坦、孟加拉国、缅甸、印尼等多个国家。虽然亚投行的业务范围以亚洲为主，但非洲也是其业务拓展的重要地区之一，南非和埃及都是亚投行的意向创始国。据非洲开发银行行长估计，非洲目前每年的基础设施建设资金缺口约为500亿美元。[②] 亚投行业务拓展将为非洲提供新的基础设施建设资金来源，助力非洲实现可持续发展。未来，随着上述两家机构开发金融业务的持续推进，

[①] 《中国向金砖国家新开发银行项目准备基金捐赠400万美元》，2017年9月5日，中国经济网，https://item.btime.com/026j07ar9p8cvertql7okgc8cos。

[②] 《非洲开发银行行长：期待与亚投行合作共建非洲》，2015年7月20日，新华网，http://www.xinhuanet.com/world/2015-07/20/c_1115984304.htm。

非洲的基础设施建设和经济发展必将从中获益。

落后的基础设施是非洲发展面临的最大瓶颈之一。由于政府公共支出和外部援助远不足以弥补基础设施领域的巨大资金缺口，非洲国家纷纷出台刺激政策，鼓励民营资本投入其中。当前，中国在国内外的基础设施建设项目中大力推广公私合营模式（PPP），有助于增加基础设施项目的资金来源，缓解公共部门增加预算和扩张债务的压力；可以通过利益共享、风险共担的伙伴关系，有效降低项目的整体成本；还可以提高公共部门和私营机构的财务稳健性。PPP模式将成为中非基础设施建设合作的重要方式，在中非合作中发挥应有的作用。

（六）中国积极推动国际三方合作

近几年，中国对于国际三方合作[①]的态度逐步向积

---

① 三方合作的概念有广义和狭义之分。从广义上讲，来自国际三方的国际组织、主权国家、企业、NGO及其他机构的合作都可以称为国际三方合作；从狭义上讲，是指由国家、国际组织等力主推动的来自国际三方的合作，那些来自国际三方的企业、NGO及其他组织自发的、市场化的合作不在此列。国际三方合作的领域广泛，包括政治、经济、军事、文化等诸多领域，经济领域的国际三方合作既包括贸易和投资领域的三方合作，也包括援助领域的三方合作。长期以来，援助国或国际组织与受援国之间的双边合作，以及由国际组织主导的多边合作是国际援助领域的主要形式。直到20世纪七八十年代，援助领域的国际三方合作才开始受到越来越多的援助国和国际组织的重视，并成为国际发展合作的重要议题。国际上关于国际三方合作的概念提出、理论探讨也都集中在援助领域的国际三方合作中。

极的方向发展。中国领导人多次在公开讲话及政策文件中对参与国际三方合作表明了积极态度。对于涉及非洲事务的国际三方合作，中国政府亦持明确支持态度。2015年5月，李克强总理出访拉丁美洲，在中巴工商峰会上提出中国企业愿与发达国家企业一起，在拉丁美洲开展第三方市场合作。6月底7月初，李克强总理访问欧洲，国际三方合作是此行的主题之一。在会见比利时首相米歇尔时，李克强总理指出，"中方鼓励两国金融机构开展战略性合作，为实体经济合作提供更强有力的支持；在非洲及其他地区开展三方国际产能和装备制造业合作，推进当地工业化进程"。在中欧工商峰会上，李克强总理重点阐述了中欧开展国际产能三方合作的设想，即把中国和发达国家的优势结合起来，生产关键技术设备，以较低价格、较高质量满足发展中国家的需求，带动中国产业升级和发达国家扩大出口。中欧双方决定，将中国"一带一路"倡议和"欧盟投资计划"实行对接，同意建立中欧共同投资基金。正是从李克强总理此次访欧开始，国际三方合作成为中国媒体和网络的热词。同年9月26日，习近平主席在出席联合国发展峰会时指出，国际社会应该坚持南北合作的主渠道地位，深化南南合作和国际三方合作。中国开始相继有国际三方合作的协议和项目达成并进入实质操作，与法国签署了《中法政府关于第三方市场合作的联合声明》，同俄罗斯、蒙古国达成了《三方合作中期路线图》等。从目前状况来看，中国所倡导推进的国际三方合作以投资合作为主要内容，也包含援助合作。从发展趋势看，中国有意将国际三方合作打造成未来开展国际经济合作的重要方式，发展潜力较大，前景值得期待。

通过国际三方合作，把中国与其他国家的优势结合起来，生产关键技术设备，以较低价格和较高质量供给包括非洲在内的广大发展中国家，一方面可以带动发达国家的资本和产品输出，同时带动中国的产能输出，促进中国产业升级，另一方面满足了发展中国家对资本和技术的需求，促进经济发展和社会进步。通过国际三方合作，多方得利，多方共赢，有助于中国新时代对外开放政策目标的实现，有助于促进世界经济复苏和发展。

（七）人民币国际化在非洲的进展

人民币国际化有利于推动中国经济发展，提升在国际经济舞台中的地位。近年来，中国一直在努力推动人民币国际化，并取得一定进展。由于体量较小，非洲地区的人民币国际化一直未受到足够重视。但事实上，人民币在非洲已经实现了一定程度的国际化，这有利于促进中非之间的贸易和投资合作。

近年来，人民币受到越来越多非洲国家的认可，一些国家开始将人民币纳入外汇储备。由于中国资本市场不完全开放，将人民币纳入外汇储备需要政府间的特殊安排。2012年金砖国家签署了《金砖国家银行合作机制多边本币授信总协议》，五国间实现了通过本币授信支持短期流动性。2013年11月，南非储备银行投资15亿美元用于购买中国银行间债券，约占南非外汇储备的3%。2015年4月，中国人民银行与南非储备银行签署了300亿人民币的双边本币互换协议，有效期3年，南非成为首个与中国签署货币互换协议的非洲国家。尼日利亚央行于2011年9月将人民币纳入外汇储备，占比在5%—10%之间。津巴布韦于2014年1月宣布人民币为法定货币，加纳央行于2014年6月宣布人民币为结算货币和储备货币，肯尼亚和坦桑尼亚也将人民币作为法定货币。博茨瓦纳、布隆迪、莱索托、马拉维、莫桑比克、纳米比亚、卢旺达、乌干达、赞比亚等国均拟将人民币列入储备货币。虽然目前非洲的人民币市场仍处于培育期，但人民币支付规模在逐步扩大，发展速度快、潜力大。中非贸易采用人民币结算，可以有效降低换汇成本，也可以降低企业的汇率风险。非洲的人民币产品体系和清算网络已初步形成，在非洲开展人民币业务最重要的机构是中国银行约翰内斯堡分行，非洲的一些大银行也在积极开展人民币业务，如南非标准银行、渣打银行、兴业银行等，有效提供了人民币流通渠道和流动性，降低了汇兑成本，提高了交易效率。

三 非洲自主可持续发展为中非友好合作带来新机遇

近年来，非洲经济保持较快发展，而且未来趋势较好，自主发展能力不断提升，经济多元化成效逐步显现，经济政策环境不断优化，移动金融业快速发展，区域一体化进程不断加强，地区安全局势总体上趋好，有利于中非之间开展更多领域、更高层次的务实合作。

（一）非洲经济保持平稳发展势头

2008年全球金融危机前，世界经济已连续多年高速增长，非洲经济表现尤为突出。1995年以来，非洲经济中长期存在的通胀顽疾逐步得到控制。与此同时，非洲经济增长开始进入一个较稳定时期。2002—2007年，非洲实际GDP增长率保持在5%以上，通胀也基本控制在10%以内（见图2-1）。增长率和通胀率"一高一低"的局面标志着非洲经济进入一个比较理想的发展期，也扭转了过去经济增长率低于人口增长率和人均GDP下降的趋势。

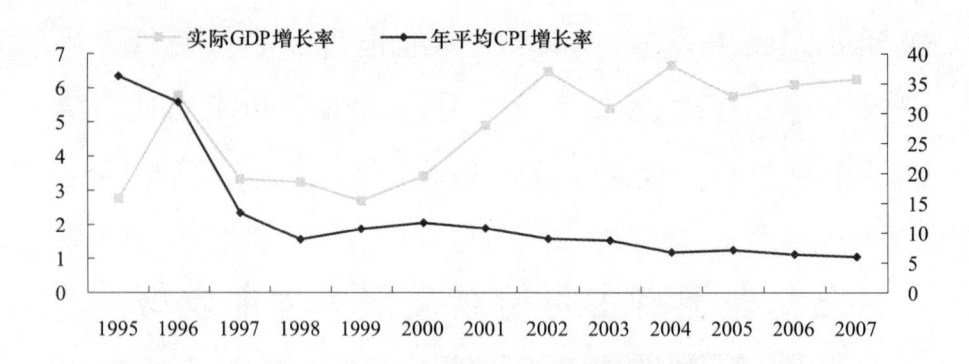

图 2-1　1995—2007 年非洲实际 GDP 年增长率和年均 CPI 增长率

数据来源：IMF, *World Economic Outlook Database*, Oct. 2009。

受 2008 年全球金融危机和 2011 年"阿拉伯之春"的冲击，2009 年非洲经济增速降为 2.7%，2011 年跌至 1.1%。但随后非洲经济展现出良好的弹性，复苏速度和势头喜人，2012 年经济增速恢复到 5.0%，远超 2.2% 的世界平均水平，也超过了发展中国家的平均增速。2012—2017 年，非洲经济年均增长率为 3.98%，高于全球平均水平。①《非洲发展银行 2013—2022 年的战略——以非洲转型发展为基础》报告认为，2016 年以后的较长一段时间内，非洲经济仍将保持较为快速的增长。② IMF 在《2017 世界经济展望——谋求可持

---

① IMF, "Cyclical Upswing, Structural Change", *World Economic Outlook*, April 2018.

② African Development Bank Group, *AfDB Strategy for 2013-2022-At the Center of Africa's Transformation*, May 16, 2013, p.5, http://www.afdb.org/en/documents/document/afdb-strategy-for-2013-2022-at-the-center-of-africas-transformation-31420/.

续增长》中指出，2018年非洲经济增速估计为3.4%，未来一段时间将保持平稳增长。[①] 回顾1995年以来的非洲经济发展，我们有理由认为这是非洲独立以来持续时间最长、增长最快的发展阶段。在此期间，部分非洲国家经济实现了更快发展，逐步成长为重要的新兴经济体，或展现了成为世界主要新兴经济体的潜力。南非在2010年被吸纳进"金砖国家"，成为全球新兴经济体的重要代表。尼日利亚被誉为"薄荷四国"（MINT）之一，与墨西哥、印度尼西亚和土耳其一起被认为是继金砖国家之后出现的重要新兴经济体，2013年其国内生产总值首次超越南非，跃居非洲第一。此外，埃塞俄比亚、肯尼亚、安哥拉、坦桑尼亚等国也显现出成为重要新兴经济体的潜力。

总的来看，经济发展较好的非洲国家主要有三类：第一类是经济基础雄厚、经济体系相对完善成熟的国家，主要是南非；第二类是资源富集国，包括尼日利亚、安哥拉、刚果（金）、苏丹、赤道几内亚等国，这些国家乘着前些年全球大宗商品价格高企的东风，

[①] IMF, *World Economic Outlook-Seeking Sustainable Growth, Short-Term Recovery, long-Term Challenges*, October 2017, https://www.baidu.com/link? url =_ 1qQ9WzQoN3V3yXxZRZp6A3IZ3TEnhCEe - HV - F - rJUruqiZn29_ TsYHp67WokKg69LPOlRGwcJNzdBKXHIB27QWHLf9Ysxuzn30YzbnN4ln5U2GAY94n8YhMah88Qm9j7SOT_ bB1szM8Do3aZMYXzK&wd =&eqid = 805dd5aa00043f95000000035b603d5f, p. 18.

实现了经济较快发展；第三类是资源禀赋优势并不突出，但采取了得当的经济政策，因此收获政策红利的国家，例如埃塞俄比亚、纳米比亚、卢旺达等国。上述三类国家成为非洲经济发展的重要推动力量。

（二）非洲经济多元化成效开始显现

长期以来，经济结构单一是阻碍许多非洲国家发展最大的瓶颈之一。实现经济多元化是解决这一问题的方案，也是这些国家发展的目标。经过多年努力，有些非洲国家的经济多元化初见成效。

总体上，非洲大陆的工业化程度有了明显提高。非洲国家把工业化视为经济发展的关键，通过发展出口导向型或进口替代型工业推进工业化进程。非盟在推动非洲工业化进程中发挥着重要作用，2008年即通过了《非洲加速工业发展行动计划》，旨在推动基础原料加工业发展；同年10月，非洲国家工业部长会议制定了《非洲加速工业发展行动计划实施方案》，确定了7个优先发展领域。2015年9月，非盟发布了《2063年议程》及其第一个十年实施计划（2014—2023年），这是最新的非洲工业化指导文件。《2063年议程》提出，到2063年非洲要通过工业化促进经济转型，提升资源附加值，创造就业岗位，关键是发展制造业，扩大非洲制造业在全球价值链的份额。具体而言，到2063年，非洲制造业比2015年增长5倍以上，占国内生产总值的50%以上，吸纳50%以上的新增就业人口，建成一批区域制造业中心和科技研发中心，科技在非洲制造业发展中扮演更重要的角色。第一个十年实施计划的主要内容是提出实现非洲工业化的近期战略和具体措施。具体而言，到2023年，非洲制造业产值占国内生产总值的比重与2013年相比提高50%以上，每个区域经济一体化组织内都要有一个以上的制造业中心，并提出实现上述目标的政策措施和融资建议。[①]

非洲区域组织也一直在努力推进非洲国家工业化进程。2012年东非共同体就实施工业化战略达成共识，提出在2032年前完成工业化进程。2015年南部非洲发展共同体发布了《南共体工业化战略》和路线图，目标是夯实成员国农矿产品加工业基础，提升在地区及全球产业价值链的地位，该文件与非盟《2063年议程》相呼应。西非国家经济共同体2010年批准了西非地区共同工业政策文件。非洲各国也都将实现工业化作为本国经济发展的重要途径和目标，纷纷出台推进工业化的政策文件，与非盟或区域一体化组织的

---

① African Union Commission, *Agenda* 2063: *The Africa We Want-Framework Document*, AddisAbaba: the African Union, September 2015, https://au.int/en/agenda2063.

相关政策相协调，如南非2013年出台了《2013—2014年工业政策行动计划》，尼日利亚2014年出台了《工业革命计划》等。

鉴于落后的工业水平，多数非洲国家将发展劳动密集型轻工业作为实现工业化的重要手段；同时努力促进私人投资，增加私营工业部门的比重。具有资源禀赋优势的非洲国家则更为注重发挥自身优势，努力拉长能源、矿产等资源类产业链。非洲积极探索工业化方法与路径，建设工业园区成为许多非洲国家的重要选择，这也是它们"向东看"的结果。中国在建设工业园区方面有着丰富经验，因此成为非洲国家重点学习的对象。非洲国家还注意借力信息化浪潮，将互联网、移动支付等新经济形式与工业化有机结合。非洲工业化基础的巩固有利于对接中国正在实施的国际产能合作，为承接中国部分产业转移奠定了基础。

服务业的发达程度是一个国家经济社会发展水平的基本标志之一。非洲经济总量的一半来自服务业，同时在经济增长、国民就业、国际收支等方面发挥着重大作用。近年来，非洲国家致力于同时推动传统服务业和新兴服务业的发展，取得了明显进展。在传统服务业中，得益于本地消费能力增强，非洲已成为全球零售业快速发展的新前沿。在新兴服务业中，移动金融和电子商务成为新的亮点，非洲是全球移动支付和电子商务发展最快的地区之一。

(三) 非洲自主发展趋势愈发明显

由于众所周知的原因，非洲发展一直受到外界掣肘。20世纪90年代中期之后，全球新兴经济体快速崛起；2008年世界金融危机后，新兴经济体与西方发达国家之间的经济力量对比发生明显变化。部分非洲人士意识到"华盛顿共识"在非洲失灵，希望从新兴经济体的发展道路中寻找灵感和启迪，探求非洲自主发展道路。最典型的是卢旺达总统卡加梅提出的"基加利共识"，在这一理念的指引下，卢旺达采取了"向东看"政策。"向东看"不仅是向中国看，而且是向包括日本、韩国等在内的东亚地区看。该地区经济快速发展的重要经验之一便是成立了生产型政府，或称发展型政府；在经济发展中采取政府引导与市场主导相结合的方式，政府与有些经营组织高度集合，政府对经济发展具有很强的整体规划能力和执行能力，政府运作规范高效自主。这一发展特征和经验，与过去几十年间的非洲实践有明显差异。非洲国家长期实行新自由主义经济政策，政府在经济发展中成为边缘化角色，普遍缺乏制定和落实长远规划的能力，也缺乏高效的运作。在奉行"向东看"政策的同时，卢旺达还主张从非洲本土出发，将二者结合起来，试图走出一条具有非洲特色的发展道路；优先满足本国市场，然后尝试向外部拓展，强化非洲国家自主发展。除卢旺达外，埃塞俄比亚、津巴布韦、博茨瓦纳、坦桑尼亚、肯尼亚、安哥拉等国也都在积极践行生产型政府模式，各国均出台更强调政府作用的经济发展规划和落实措施。非盟也将创建发展型国家作为实现《2063年议程》的关键。

（四）非洲国家经济政策环境优化

近些年来，大部分非洲国家坚持实行对外开放政策，且开放程度较高。在贸易领域，多数非洲国家实行自由贸易政策，积极鼓励出口。在投资领域，吸引外资被非洲国家普遍认为是快速引进技术、提高生产能力、调整经济结构、扩大就业和减少贫困的主要驱动力。多数非洲国家制定了扩大吸引外资的政策，主要体现在国民待遇、关税及其他税收优惠、放松外汇管制和保障投资者财产安全等方面。为了吸引矿业投资，一些非洲国家逐步调整了矿产资源政策，鼓励外资进入，例如刚果（金）将公司所得税由50%下降到30%，马里规定外资矿业项目经营的前五年免征所得税等。为吸引外资，大部分非洲国家明确规定外资财产权不受侵犯，承诺不对外资企业实行国有化；个别国家虽然有重点行业必要时可以国有化的规定，但同时制定了非常严格的前提条件和补偿条款。大部分非洲国家对外资汇出采取较宽松政策，汇出项目包括净利润和红利、技术转让费、外籍雇员酬金等。

近年来，非洲国家更强调经济包容性增长。一直以来，非洲是非包容性增长的典型地区，多数国家经济有增长无发展，普通民众受惠于经济增长很有限，贫困人口占比较高；在尼日利亚等产油国出现了严重的"荷兰病"和"资源诅咒"，经济越发展，普通民众越贫穷。为改变这一痼疾，非洲国家开始普遍重视包容性增长。[①] 非盟《2063年议程》将实现非洲包容性增长和非洲复兴作为最重要的目标。包容性增长的政策目标主要倾向于两个方面。其一是改善就业，提高民生水平。具体而言，就是倡导发展更多的劳动密集型产业，实现就业岗位的增加，保障民众的基本收入和福利。例如，尼日利亚2014年12月制定了纺织业振兴政策，目标是将该国纺织业就业人数从2015年的5万增至2017年的10万，行业外间接就业人数由65万提高到130万。其二是改善环境，应对气候变化。为此非洲国家普遍更为重视发展环保产业和绿色能源，出台了诸多举措。2015年8月，马里吸引挪威太阳能

---

① 2007年亚洲开发银行首次提出了包容性增长概念（inclusive growth），这一理念迅速得到推广。所谓包容性增长是倡导机会平等的增长，其最基本的含义是公平合理的分享经济增长；实现社会和经济协调发展和可持续发展也是主要目标。

开发公司 Scatec Solar 投资建设西非地区最大的太阳能电站，装机容量 3.3 万千瓦，年发电能力 5700 万度。2016 年 3 月，尼日利亚签署了联合国"2030 年天然气零空燃倡议"，设定了 2025 年可再生能源占能源总消费 10% 的目标；吸引韩国 HQMC 公司建设太阳能发电站，装机容量 1 万兆瓦；吸引加拿大天空能源投资 50 亿美元在尼日尔河三角洲建设 3000 兆瓦的太阳能发电项目等。

（五）非洲移动金融业发展速度快

当前，全球新经济飞速发展，移动金融是重要的代表性行业之一。移动技术已逐渐成为可持续发展的重要工具，增加了连接性并提供创新服务，有利于实现包容性增长。移动金融降低了金融门槛，有助于改善居民生活质量，减少贫困。非洲移动金融在近几年实现了跨越式发展，推动了电子商务等数字经济的兴起，从而为与中国开展新经济领域的深度衔接奠定了基础。

近年来，非洲成为全球移动支付发展最快的地区。2017 年非洲移动支付注册账户数超过 3.3 亿个，其中东部非洲注册用户 1.91 亿个，主要分布在肯尼亚、乌干达、坦桑尼亚等国；西部非洲注册用户 1.05 亿个，主要分布在尼日利亚、科特迪瓦等国；南部非洲注册用户 0.1 亿个，主要分布在南非和津巴布韦，其中津巴布韦手机支付金额占其GDP总额的45%；中部非洲注册用户0.33亿个。整个非洲大陆活跃用户达1.22亿个，年交易额达200亿美元。非洲的移动支付渗透率居全球之首，25%以上的移动用户绑定了移动账户，其中东部非洲国家超过50%的移动用户都绑定了移动账户。在肯尼亚、卢旺达、坦桑尼亚和乌干达，66%的成年人经常使用移动支付。[1]

非洲国家相继推出 M-Pesa、Wizzit、MNT 等多种移动金融服务系统。肯尼亚 M-Pesa 采用的是移动运营商主导模式，运营商通过将金融应用集成到客户的手机 SIM 卡中，客户即可在各代理商网点实名注册账号并将现金转换为电子货币，通过发送文本消息和代码就可以实现转账汇款、账户查询、消费支付、代理点存取现及集团客户工资代发等多种金融服务。2016年 M-Pesa 全球用户达 2500 万，覆盖非洲、亚洲及欧洲 11 个国家，其中肯尼亚用户 1900 万，平均日交易额约 1.48 亿美元。[2] 乌干达的 MTN 也是非洲移动支付的重要代表，服务网络可覆盖全境 85% 的地区，活跃用户

---

[1] GSMA, 2017 *State of the Industry Report on Mobile Money*, 2017, https://www.gsma.com/mobilefordevelopment/sotir/.

[2] 《手机支付平台 M-pesa 全球用户达 2500 万》，2016 年 5 月 4 日，商务部网站，http://www.mofcom.gov.cn/article/i/jyjl/k/201605/20160501311066.shtml。

超过千万，拥有1.5万个代理网点。[1] 南非 Wizzit 采用的是移动运营商与银行合作模式，Wizzit 为虚拟银行，没有物理网点和分支机构，目标用户是低收入群体，提供低成本交易的银行账户，使用手机进行支付、转账、预付话费和小额贷款，可以在自动提款机和销售点使用，贷款则主要针对未注册银行账户的个体经营者和微型企业。[2] 除了移动支付外，发放小额贷款也是 Wizzit 的主要业务之一，比 M-Pesa 的营业范围更广。

非洲移动金融发展之所以居全球前列，主要原因有：一是手机广泛普及；二是受落后经济条件的限制，非洲传统的金融物理网点严重不足，这让成本更低的移动金融有了加速发展的条件；三是共享主义的文化传统让方便快捷的移动金融在非洲更受欢迎。非洲移动金融的发展为中非之间在电子商务、移动通信、移动金融、数字经济等方面的合作带来了新机遇。目前，中国华为公司已与即时汇款品牌 Xpress Money 合作，为非洲地区提供基础银行交易业务，未来中非企业之间的类似合作大有可为。

---

[1] Mishra. V. & Bisht. S. "Mobile Banking in a Developing Economy: A Customer-centric Model for Policy Formulation", *Telecommunications Policy*, Vol. 37, No. 6, 2013.

[2] Jenny C. Akerand Isaac M. Mbiti, "Mobile Phones and Economic Development in Africa", *The Journal of Economic Perspectives*, Vol. 24, No. 3, 2010.

（六）非洲区域一体化进程在加强

联合自强、加速推进一体化进程是非洲国家实现可持续发展的重要手段。非盟是非洲最重要的地区一体化组织，此外还有多个次区域一体化组织，包括南部非洲发展共同体（SADC）、东南非共同市场（COMESA）、东非共同体（EAC）、西非国家经济共同体（ECOWAS）和中非国家经济共同体（EC-CAS）等。在这些一体化组织的大力推动下，近年来非洲国家在贸易融合、基础设施建设、产业链融合、金融业合作、人员自由流动等方面均明显加强。

贸易融合是非洲一体化的重要抓手。在各次区域组织中，东非共同体的内部贸易融合程度最高，2005年即建立关税同盟，实行统一的对外关税，成员间取消关税；2013年肯尼亚、乌干达和卢旺达三国达成单一关税区协议。西非国家经济共同体关税同盟于2015年1月生效，开始执行共同外部关税。建立自贸区是贸易融合的重要抓手，也是区域一体化的重要表现形式。2012年非盟首脑会议制定了在2017年以前建成非洲自由贸易区的目标，计划在2014年由东非共同体、南部非洲发展共同体和东南非洲共同市场达成自由贸易区协议，2017年正式启动非洲自由贸易区。2015年6月，这三个次区域组织签署了三方自由贸易协定，同时非盟第25届首脑会议宣布启动非洲大陆自由贸易协议谈判。目前，非洲国家间进口关税水平有所下降，非关税壁垒有所减少，海关通关程序有所简化，贸易融合度得到一定的提升。

基础设施互联互通是非洲大陆一体化的关键措施。非洲开发银行在《处于非洲转型中心：2013—2022年战略报告》中将其列为五大优先行动领域之首。早在2011年，非盟即通过了加速实施次区域和区域基础设施项目的倡议，并确定9个优先项目。2012年非盟制定了《非洲基础设施发展规划》（PIDA），对非洲已有的从2012年至2040年的各类跨境基础设施发展规划予以整合，涵盖能源、交通、信息通信和跨境水资源等四大领域，成为非洲大陆进行基础设施建设的指南。非盟《2063年议程》指出，要通过建设运输、能源和通信技术等基础设施，实现非洲各国之间的互联互通。为了大力支持基础设施建设，非洲国家在该领域的预算有所增加，融资能力有所增强。目前非洲各国正在大规模兴建基础设施，一些跨境、跨区域重大项目也开始出现。尼日利亚阿卡铁路、肯尼亚蒙内铁路、连接埃塞俄比亚和吉布提的亚吉铁路均已建成通车，对于提升区域内要素流动效率、推动经济社会发展具有重要意义。其他一些重大项目还有：西起洛比托、终点到卢奥、贯通安哥拉全境的本格拉铁路，南苏丹和埃塞俄比亚的运输走廊项目（LAPSSET），涉及塞内加尔、马里、布基纳法索、尼日尔、尼日利亚、喀麦隆、乍得、苏丹、埃塞俄比亚、吉布提等国的东西非铁路，经博茨瓦纳卡拉哈里沙漠、连接纳米比亚和南非的铁路，连接南非、斯威士兰、莫桑比克的铁路等。

此外，近年来非洲开始推进金融一体化进程。如科特迪瓦的区域证券交易所从2012年开始为西部非洲国家提供金融服务；2013年南非、纳米比亚、莱索托和斯威士兰等国开始实行南共体区域电子支付系统；南非货币兰特在莱索托、斯威士兰、纳米比亚等南部非洲国家流通。金融一体化是经济一体化的关键，在一定程度上将成为未来进一步推动非洲区域一体化发展的重要经济基础。此外，人员流动自由化是一体化的重要标志，非洲一体化在这方面也有明显进展。其中东非共同体和东南非共同市场进展最快，肯尼亚、卢旺达和乌干达允许三国公民只需本国身份证即可进入其他两国领土，毛里求斯、卢旺达和塞舌尔也取消了对其他成员国公民的签证要求。

非洲大陆一体化有利于增强区域内各国经济内生增长能力，也有利于非洲各国以整体形式和集体力量应对外部风险，开展国际合作。当然，非洲一体化还有待加强，非洲国家间的贸易和投资还相对较少，未来继续推进一体化还面临诸多困难和挑战。

(七) 非洲未来发展前景总体看好

几十年前,由于战乱、贫穷、落后等原因,非洲一度被西方认为是"没有希望的大陆"。但是,非洲人民从来没有放弃过希望,经过几十年的努力,如今非洲转而成为"充满希望的大陆",成为国际社会竞相争取的对象。综合来看,我们仍然有理由对非洲的未来持乐观态度,发展前景看好。

第一,非洲大陆总体安全局势趋好。21世纪以来,非洲大陆安全形势总体上趋于好转,战争、动乱等严重的安全问题明显减少,虽然仍有冲突发生,但主要是局部冲突,频率和烈度都显著降低。安全局势好转是非洲实现经济多元化、吸引外资、走自主发展道路的前提和基础。

第二,非洲国家的政治发展趋稳。多数非洲国家的选举越来越顺利,权力交接越来越平稳;基本制度建设和政府治理能力有所改善,政府的公共服务能力有所增强,能够为民众提供更多公共产品;发展经济成为非洲各国的共识,多数国家的宏观治理能力不断改善,财政稳健性和货币政策有效性明显提高。非洲大陆政治安全局势好转为中非合作提供了基础性保障,非洲国家政府治理能力增强有助于提升中非合作的效率和效果。

第三，非洲的消费潜力在未来将得到进一步释放。多数非洲国家的居民可支配收入稳步增加，中产阶级大量涌现。麦肯锡全球研究院的研究报告指出，2020年将有1.28亿个非洲家庭的可支配收入达到5000美元，非洲消费总额将达1.4万亿美元。[1] 中产阶级的消费意愿和消费能力更强，中高档消费品、住房和投资增多将是中产阶级消费的重要特征，这也是非洲经济未来发展的重要支撑。

第四，非洲人口红利开始逐步兑现。当前，多数发达国家以及中国等重要新兴经济体都出现了严重的人口老龄化问题。非洲国家人口增长率一直较高，1995年非洲生育率总和是5.72，[2] 2017年为4.66；2000年非洲人口只有8.18亿，是中国人口的65%；2017年已达12.56亿，是中国人口的90.4%；[3] 按目前的人口出生率推算，2050年非洲人口将达到24.35亿。[4] 非洲人口

---

[1] Mckingsey Global Institute, *Lions on the Move: The Progress and Potential of African Economies*, https://www.mckinsey.com/media/McKinsey/Featured%20Insights/Middle%20East%20and%20Africa/Lions%20on%20the%20move/MGI_Lions_on_the_move_african_economies_full_report.ashx, pp. 3 - 4.

[2] 意指每个妇女一辈子平均生5.72个小孩。

[3] 《未来人口四倍于中国的非洲 我们该如何面对》，http://finance.sina.com.cn/chanjing/2018-04-05/doc-ifyuwqez5281302.shtml。

[4] Simplice A. Asongu, *How Would Population Growth Affect Investment in the Future? Asymmetric Panel Causality Evidence for Africa*, African Development Review, Vol. 25, Issue 1, 2013.

年轻化程度高,青年劳动力数量充足,2000年非洲15—24岁的青年总数为1.33亿,2020年将达2.46亿。[①] 同时,非洲青年的受教育程度不断提高,劳动力技能水平得到有效提升,这成为非洲承接新一轮国际产业转移的关键依仗。人口高速增长带来了较高的城镇化需求,人口红利与城市化结合将显著扩大消费规模,与经济增长形成良性互动。

第五,非洲发展所依仗的自然资源优势仍将保持。近年来非洲大陆不断有新的油气资源发现,尤其是在海上,西非海域有大型优质油田发现;东非地区更是成为全球油气开发的新前沿,乌干达、莫桑比克、坦桑尼亚、肯尼亚等国都有重要发现,改变了东非油气资源贫乏的历史,给世界能源市场带来了新的变数。非洲丰富的可再生能源资源,如风能、太阳能、地热能、海洋能等,正在吸引国际资本的目光,中国、美国、法国、印度、日本等国都在非洲积极探索开发新能源领域的投资。

四 新时代中非友好合作面临新挑战

机遇和挑战从来都是相依而生,机遇中包含着

[①] 李安山:《非洲经济——世界经济危机中的亮点》,《亚非纵横》2013年第1期。

挑战，挑战中孕育着机遇。对于新时代中非友好合作，我们在乐观地看到诸多有利机遇的同时，也需要清醒认识到所面临的一系列问题和挑战。未来中非关系能否顺利发展，一方面取决于中非双方能否把握历史机遇，顺势而上，不断扩大和深化中非友好合作，牢筑休戚与共的中非命运共同体；另一方面取决于中非双方能否以足够的信心、决心和行动，共同应对各种挑战，解决各类问题，为中非友好合作创造良好条件。

（一）国际形势复杂多变使中非友好合作面临新考验

与全球化趋势背道而驰的反全球化浪潮兴起，世界主要经济体采取差异化的经济和货币政策，国际地缘政治形势复杂多变，世界政治稳定和经济发展依然充满很大的不确定性，都会使中非友好合作面临严峻考验。

1. 反全球化浪潮兴起

近年来，西方国家出现贸易保护主义、民粹主义等反全球化现象的势头，给全球化深入发展和国际经济合作带来挑战，对国际社会开展与非洲的合作也会带来负面影响。首先，保护主义会破坏全球产业链的正常分工体系，损害资源要素配置效率，降低全球市场的开放度和自由度。其次,一国实施保护主义将会引发其他国家不同程度的反制,这种恶性循环的局面将导致世界各国更倾向于在全球经济竞争中持有零和博弈的态度,全球贸易壁垒将逐步增加,使世界各国陷入多输的局面。而且这种保护壁垒不再局限于传统行业,会逐步蔓延至数字经济等新兴产业。再次,保护主义将导致世界经济发展停滞,可能带来的一大后果就是社会动荡,甚至爆发严重的政治和社会危机。具体到非洲而言,贸易保护主义非常不利于非洲国家开展对外合作和发展经济。如果逆全球化潮流造成世界经济停滞,包括矿产、油气等在内的全球大宗商品价格将长期低迷,这将使一些非洲国家在经济上遭受沉重打击,进而拖累整个非洲大陆经济,并将直接影响该地区本就脆弱的和平与安全形势,可能导致非洲再次深陷发展困境。

2. 世界主要国家的经济和货币政策分化

2017年以来,全球主要经济体经济和货币政策分化的态势仍在持续,全球经济和金融稳定的不确定性仍然存在,给新兴经济体和发展中国家带来严峻挑战。一方面,美联储自2015年12月以来数次加息,已将联邦基金目标利率提至1.25%—1.5%,2018年还有加息的可能。美联储连续加息使得新兴经济体面临国际资本大幅外流的风险,部分国家不得不提高利率以避免资本大幅外流和本币贬值,这使得新兴经济体的货币政策面临紧缩压力。另一方面,欧洲央行对退出宽松政策持谨慎态度。在保持零利率政策不变的同时,欧洲央行将其资产购买计划调低至300亿欧元,并延长该计划至2018年9月。这一举措是在欧元区基本上摆脱了通缩阴影、通胀出现缓慢回升的背景下做出的,反映了欧洲央行在增长与通胀稳定目标之间的慎重选择。日本央行持相似的姿态,在保持基本贴现率-0.1%的水平和每年80万亿日元资产购买的同时,对长期收益率实施了目标管理,防止长期利率上升过快对经济造成损害。在发达经济体货币政策仍然呈分化态势的情况下,主要国际货币汇率的分化也仍然存在,进而导致钉住这些货币的新兴经济体货币汇率波动。此外,国际资本流动加剧也会给新兴经济体经济的平稳运行带来挑战。非洲是世界最不发达地区,也是经济对外部依赖最为严重的地区,世界主要国家经济和货币政策的分化将对非洲经济的稳定性和国际经济合作带来不利影响。

3. 国际地缘政治局势复杂多变

近年来,国际地缘政治局势复杂多变,给全球稳定带来很大挑战。在国际政治经济力量对比不断变化的情况下,世界主要国家纷纷调整对外战略和政策,对国际多边和双边合作造成不利影响,不确定性大大增加。政治风险咨询公司欧亚集团（Eurasia Group）研究认为，2018年发生重大意外地缘危机的风险较大，甚至有可能与2008年比肩。中美、俄美等大国关系处于复杂变化调整阶段，中东地区局势、朝鲜半岛局势、伊朗核问题、恐怖主义、难民问题等，都有可能引发严重的地缘政治冲突，全球政治稳定和经济发展面临的考验和挑战大幅增加。在非洲大陆，各种非传统安全威胁不断上升，其中恐怖主义成为最大的安全威胁，此外海盗劫掠、跨国犯罪、气候变化、传染性疾病、环境污染等问题也不容忽视。

（二）非洲发展不利因素给中非友好合作带来新挑战

非洲大陆经济基础依然较为脆弱，投资环境有待于进一步改善，恐怖主义、跨国犯罪等非传统安全威胁上升，安全形势依然不容乐观，都会给中非友好合作带来挑战和不利影响。

1. 非洲经济发展问题突出

虽然近年来非洲经济实现了平稳快速发展，但仔细考察和分析非洲经济发展的实际状况可以发现，这种高速增长主要得益于全球经济繁荣的动力机制，即发达国家与发展中国家之间形成的一种自我强化的全球增长模式。发达国家实施宽松的财政和货币政策使得全球范围内流动性空前增长；发达国家国内充沛的流动性推动了资产和资源价格的膨胀，由此带来的财富效应大幅拉动了发达国家居民的消费需求，从而增加了对发展中国家的进口需求；部分资本流入发展中国家寻找投资机会。反过来，在发达国家创造的出口需求和投资需求的拉动下，发展中国家又从发达国家进口大量资本产品，这样就形成了一种具有类似反馈机制的国际经济模式。一国的投资与贸易之间也存在相互拉动现象，而资本在寻求投资和贸易中的利润空间的同时，也在一定程度上能够促进投资和贸易的互动。考虑到投资和贸易的拉动机制，以上模式势必从现象上表现为一国投资和贸易的同时高速增长。这一点可以从绝大多数非洲国家的实际情况中得到证实，非洲经济增长的一个典型特点就是贸易和投资同时加速增长。值得注意的是，这一模式在经济增长的情况下可以相互促进，但在经济滑坡时期也可能相互影响，从而客观上会加深特定国家乃至全球经济的调整幅度，而非洲国家的经济自我发展能力却没有得到本质的提升。

目前来看，非洲经济发展存在的问题主要体现在以下几个方面：

一是多数非洲国家经济结构仍然单一，国民经济主要依靠生产和出口一两种农矿初级原料产品。例如，原油出口占安哥拉、尼日利亚和苏丹等国出口总额的90%以上。同时,非洲各国出口依存度较高,经济发展对外贸依赖程度高,易受国际市场和国际局势变动的影响。在安哥拉,2002—2010年石油产业拉动经济年增长率高达12%,通胀率也由2003年的76.6%降为14%,但2008年金融危机导致国际油价大跌,安哥拉经济增速明显放缓,2010—2017年平均经济增长率仅为3.27%。[①] 21世纪的头十年,全球大宗商品价格上升非但没有助力非洲国家实现经济健康转型,反而推动一些国家在经济结构单一的泥潭中越陷越深。经济结构单一是许多非洲国家经济发展长期存在的痼疾,但这些产业又是它们财政收入的主要来源,一旦调整可能会引发国内财政危机和经济危机,因此各国对这类支柱产业调整都持非常谨慎的态度,很难在短期内有重大调整和质变。

二是非洲国家的产业结构决定了其对外经贸合作的方式和结构。简而言之,就是在对外贸易方面主要出口资源类及农牧类初级产品,进口工业制成品;在吸引外资方面,外资主要涌向油矿业和以旅游、电信、金融服务为主的第三产业,投向制造业和农业的资金少。这种方式和结构在短期内有可能带动经济基础薄弱的国家实现较快发展,但长期来看只能使失衡的经

---

① 数据来源:世界银行数据库,https://data.worldbank.org.cn。

济结构不断强化。

三是非洲国家经济发展不均衡现象十分严重，呈现出明显的二元化发展格局。既有经济增长快的国家，如埃塞俄比亚、加纳、利比里亚、尼日利亚、坦桑尼亚等国；也有经济发展缓慢的国家，如马里、中非共和国、马达加斯加、斯威士兰等，二者存在很大差距。即使在一个国家内，经济发达地区越来越富，欠发达地区却愈发举步维艰，贫富差距很大，并有不断加大的趋势。这种不均衡严重阻碍了非洲经济和社会健康发展。

四是基础设施缺失仍是制约非洲经济可持续发展的主要障碍之一。非洲尚未形成覆盖整个大陆且分布均衡的交通运输体系，各国之间的交通运输和物流成本过高。许多国家电力供应不足，而且长期得不到解决，严重影响国民经济发展和人民生活水平提升。

五是原本脆弱的非洲经济易受突发事件的影响。2014年暴发的西非地区埃博拉疫情不仅造成大量人员死亡，而且给经济社会发展造成严重伤害。受埃博拉疫情影响，2015年塞拉利昂经济衰退达21.5%，几内亚、利比里亚等国经济也都受到不同程度的影响。[1]

---

[1] African Development Bank Group, *African Statistical Yearbook*, 2016, https://www.afdb.org/fileadmin/uploads/afdb/Documents/Publications/African_ Statistical_ Yearbook_ 2016. pdf.

2. 非洲安全形势不容乐观

近年来，尽管非洲和平与安全局势有所改观，但基础仍然脆弱，形势不容乐观，显现出很多新的特点。

第一，传统安全和非传统安全问题交织。进入21世纪，非洲传统安全问题大幅减少，但碎片化的非传统安全问题日益增多。相对可以清晰辨认暴力发起和来源的传统暴力行为，这种由社会组织甚至民众个体发起的暴力行为方式更加多样化，诸如恐怖袭击、海盗威胁、跨国犯罪、枪支泛滥、环境冲突等，其来源更难以辨认，波及面更广泛，影响也更深远。非洲地区多数非传统安全问题都容易跨越国境，成为泛地区性的问题，导致解决和治理难度加大。

第二，陆地安全与海上安全问题共存。海上安全主要是海盗问题，解决海盗问题往往需要多个国家间的协作，加大了安全治理的难度。海上安全多为陆上安全问题的延伸和延续，单纯的打击海盗并不能从根本上解决问题。海上安全治理需要陆地与海上联动，实施综合性的治理。

第三，内部治理和外部干涉军事化。许多非洲国家都选择了坚持传统安全逻辑，采用高压政策和军事化手段来打击反政府武装、恐怖组织和海盗等势力。但使用国家暴力机器以暴制暴，很可能带来更多的暴力升级。在国际社会层面，联合国、欧盟、法国、美国等外部势力通过维和、军事干涉等多种传统军事化行为，不同程度地介入非洲和平与安全事务，干涉手段有明显的军事化倾向。这些外部军事化行为关注的是抑止冲突和实现外界认定的和平，而这种和平是对矛盾的暂时掩盖，埋下的祸根往往在一定时期后会更大力度地暴发。外部势力军事干涉压制了非洲国家安全治理能力的提升，形成了"冲突—外部势力干涉—外部势力撤出—冲突重现"的恶性循环。

第四，安全问题区域化和全球化。在一定程度上，全球化和区域一体化带来的要素加速流动，是非洲安全问题产生的重要诱因。现代信息技术降低了行动成本；资本流动加快给冲突各方提供了充足的资金，诸如贩毒、贩卖人口、武器、钻石交易等跨国犯罪成为冲突各方重要的资金来源；宽松的市场准入和不健全的监管体系让武器流通更加便利。安全问题不再局限于一国之内，而是向所在区域乃全全球方向渗透和蔓延。

非洲和平与安全问题给中非合作带来的不利影响不可低估。第一是人身安全，其中社会治安问题对人身安全的威胁更为常见。第二是在非洲经营的企业利益损失，最极端的例子是2011年利比亚内战造成中国企业巨额的投资损失，包括在建项目、厂房设备、应收账款、原材料损失等方面。更常见的企业损失一般有两类：一类是由于安全问题导致企业被迫放弃一些项目；另一类是安全问题影响企业的正常经营，提高了企业的运营成本。

3. 非洲投资环境有待改善

非洲投资环境虽然有明显改善，但仍然存在许多问题。一些非洲国家腐败问题严重，政府治理能力低下。在2017年透明国际公布的《全球清廉指数》中，非洲国家平均得分仅32.02分，远低于全球平均分数45.02分，其中32个非洲国家排名在全球100名之后。[①] 很多非洲国家政府公共服务能力不足，无法为民众提供必要的公共产品，制定和执行国家经济规划能力较差，政府行政效率普遍较低。一些非洲国家的外贸和外资政策存在问题，或者法律法规不完善，或者无法落实到位，或者政策多变，缺乏连续性和透明度，这是影响对外资的吸引力的重要原因。非洲国家人力资源受教育程度较低，知识水平和劳动技能较低，无法满足经济快速发展的需要。

（三）中国经济新常态及国际因素对中非合作的影响

新形势下，中国经济进入新常态可能会引起中国

---

① Transparency International, *Corruption Perceptions Index* 2017, June 2017, https://www.transparency.org/news/feature/corruption_perceptions_index_2017.

对非洲投资结构和规模的变化；中非合作面临的国际竞争压力增大，需要双方进一步加强和完善合作机制；西方保持话语霸权和负面国际舆论不断，给中非友好合作带来杂音和干扰。

1. 中国经济进入新常态

2014年以来，中国经济进入新常态。经济增速由超高速向中高速甚至中低速转变。虽然这种经济增速降低在很大程度上是中国经济增长方式转变、进入高质量发展阶段的反映，但客观上会影响全球市场需求和中国对外投资结构。对非洲而言，受影响最大的将是包括油气、矿产在内的自然资源需求和相关领域的跨国投资。随着产业结构持续优化，中国对非洲矿产资源的需求量总体上可能会进一步下降。国内对矿产资源的需求降低以及经济转型的要求，也会造成中国企业尤其是国有企业在非洲的投资缩减，特别是可能会减少在矿业领域的投资。2014年5月，李克强总理在非盟会议中心发表演讲时表示，到2020年力争实现中国对非洲直接投资存量达到1000亿美元。但是在2015年和2016年，中国对非洲投资流量不升反降，分别为29.8亿美元和24.0亿美元，截至2016年年底，中国对非洲投资存量尚不足400亿美元。[1] 这被认为是

---

[1] 中国商务部、国家统计局、国家外汇管理局：《2016年度中国对外直接投资统计公报》，中国统计出版社2017年版。

由于经济结构调整和经济增速放缓,中国对非洲自然资源的需求和投资随之下降的结果。

2. 中非合作面临的国际竞争压力增大

随着国际社会对非洲的重视程度不断提高,西方大国和新兴发展中国家积极参与对非洲合作,非洲可选择的合作对象增多,中国面临的国际竞争随之加大。相对中国而言,一些西方国家作为非洲的前殖民宗主国,在非洲仍有较大的政治、经济、社会影响力,文化上也更为接近;一些新兴发展中国家在历史传统、语言文化、地理位置等方面往往拥有独特优势,日益重视加强与非洲的合作。以印度为例,近年来依靠地缘、语言和在非洲的大量移民等优势,不断加大与非洲的合作力度,双方在人员培训、文化交流、医药卫生等领域的合作取得很大进展。面对竞争压力增大,中国需要进一步加强与非洲对话,进一步发挥彼此政治互信、经济互利、人民友好的三大优势,共同维护和促进中非友好合作全面、深入、持续发展。

3. 负面国际舆论给中非友好合作带来不利影响

近些年中非关系快速发展引起国际社会的广泛瞩目。出于竞争的考虑,西方国家对中非合作提出质疑,甚至是诋毁。与此同时,中非合作中也确实仍存在着一些不良现象,因而遭到非洲乃至国际社会的批评。总结起来,对中非关系常见的负面舆论主要有:一是中国掠夺非洲论，主要观点是中国长期攫取非洲资源，削弱了非洲的发展能力。二是"中国威胁"论，主要观点是中非合作对非洲和平与安全、可持续发展以及与其他国家的合作带来威胁。三是新殖民主义论，主要观点是中国与非洲传统的殖民宗主国一样，对非洲援助和贸易、投资等经贸行为本质上是强化对非洲的影响和控制。四是指责中国长期为非洲国家提供低息贷款，让非洲国家陷入债务泥潭。五是指责中国推进国际产能合作实际目的是输出国内落后产能。六是指责中国在非洲的企业属地化经营程度低、雇佣当地工人比例低等。这些负面舆论使中国在非洲的国家形象面临一些挑战。此外，中国的生态环境问题、贫富差距问题等受到非洲媒体的关注，中国的产品质量、国民素质等问题也受到一些质疑，西方媒体的负面宣传在特定条件下甚至可能会催生一些"反华、排华"负面事件的发生。

面对这些挑战，就更需要中非之间秉承"真实亲诚"理念，本着平等互利、合作共赢的原则，以携手共建中非命运共同体和人类命运共同体为目标，全面加强深化合作，共同迎接挑战，实现共同发展。

第三章 新时代中非友好合作新愿景

非洲大陆资源丰富、人口众多、市场广阔、发展潜力巨大,正在大力推进工业化和现代化的进程。但是由于历史原因,非洲仍然是当今世界最贫穷的大陆,发展问题突出,减贫形势严峻。经过40年改革开放,中国经济社会得到快速发展,社会主义现代化建设取得巨大成就,如今中国的改革和发展进入新时代。但是作为世界上最大的发展中国家,中国在发展过程中出现了发展不平衡、不协调、不可持续等问题。中国的发展离不开世界和非洲,非洲的发展离不开世界和中国,半个多世纪以来中方与非洲携手并进,相互扶持,密切合作,共同谱写了南南合作的壮丽篇章。

展望未来,希望与困难并存,机遇和挑战并存,中国更加需要非洲,非洲更加需要中国。根据各自情况和共同的发展目标,中非尤为需要加强三方面的对接与合作：一是"一带一路"倡议与非盟《2063年议程》对接，二是国际产能合作与非洲工业化战略对接，三是中国扶贫思想经验与非洲减贫计划对接。

一 "一带一路"倡议与非盟《2063年议程》对接

（一）"一带一路"倡议对世界及非洲发展的意义

2013年中国政府正式提出"一带一路"倡议，此后又采取一系列政策措施予以推动。经过近5年的发展，"一带一路"建设取得了明显成效，赢得了广泛的国际赞誉。目前，中国已与20多个国家合作建设了56个经贸合作区，中国企业在铁路、公路、通信网络等基础设施建设，能源资源合作，产业投资和园区建设这三大方面积极参与"一带一路"建设并取得重大进展。中国对"一带一路"倡议的金融支持力度显著。截至2017年年底，亚投行已为24个项目提供了42亿美元贷款，撬动了200多亿美元的公共和私营部门资金。

"一带一路"建设对全球经济发展都具有明显的积极意义，主要体现在以下几个方面。

第一，有利于扩大投资载体，并形成统一市场。"一带一路"建设为中国及其他参与国的投资结构调整提供了空间。基础设施建设是"一带一路"重要的投资领域,以投入产出模型计算,1单位的基建投资将拉动上游相关产业1.89单位的生产扩张,并且推动下游产业3.05单位的生产扩张。[①]"一带一路"框架下开展的基础设施投资对设备及配套类制造、建材、交通运输、进出口贸易、消费品行业的拉动作用巨大。除基建行业外,中国的部分劳动密集型产业会在市场机制和比较优势规律作用下逐步向国外转移,成为"一带一路"建设的重要投资载体,将推动发展中国家在外汇创造、非农就业岗位创造、各类人力资源素质提升、推进经济外向度与国际化方面获得利益。

影响未来世界经济格局的变化因素很多,市场无疑是关键因素之一。发展中国家联合形成一个统一的大市场,是这些国家经济增长的客观要求。"一带一路"沿线国家多为发展中国家,多数国家的消费还处于模仿型、排浪式消费阶段,消费升级空间巨大。"一带一路"建设实现互联互通,将逐步破除国际经济合作的软硬件障碍,夯实形成统一市场的基础。中国与"一带一路"沿线国家合作推动国际骨干通道建设,在主要交通节点和港口推进境外经贸合作区建设,打造国际经贸合作走廊,优化产业链、供应链、价值链

[①] 俞平康:《"一带一路"对中国经济帮助有多大》,2014年11月14日,华尔街见闻,https://wallstreetcn.com/articles/210602。

和服务链，将推动统一市场的加速形成。统一市场将真正让各国共享发展外溢，分享区域一体化成果。市场一体化将与基础设施互联互通一道实质性地改善区域发展状况和当地居民的生活水平。

第二，为促进全球经济增长提供中国智慧和中国方案。21 世纪以来，全球经济增长格局发生了重大变化。经济增长重心从发达国家转向新兴经济体与发展中国家，集中表现为"二八易位"，即 21 世纪初的全球 GDP 增长构成中，发达国家和发展中国家分别贡献了 80% 和 20%；而到了 2010 年以后的"后危机时期"，两者贡献分别为 19% 和 81%；发展中国家在全球经济增长的重要性凸显。但是从 2012 年开始，新兴经济体集体"失速"。继续推动发展中国家经济持续增长，事关全球经济大局。

发展中国家经济持续增长面临着基础设施落后和体制政策局限两方面的瓶颈限制。在体制政策层面，一些发展中国家在制定本国发展政策时盲目照搬西方主流理论，未按国情处理好政府与市场的关系。中国在经济发展过程中积累的经验及在"一带一路"建设中的实践，可以为这些国家提供借鉴。一方面，中国将基础设施作为"一带一路"建设的优先选项，凭借制造与建造能力，为发展中国家提供高性价比的基建解决方案，将在一定程度上扭转基建滞后的局面。另一方面，中国政府在发展过程中，同时重视有效市场和"发展型政府"建设，通过有效市场引导企业按照要素禀赋结构所决定的比较优势进行技术和产业的选择，从而提高竞争优势；通过"发展型政府"为经济发展、技术创新、产业升级、基础设施建设提供适合的制度安排和保障。中国与其他发展中国家共享发展经验，将为其体制与政策诱致性改革变迁提供善意和有效的推动。

第三，有助于加强南南合作，密切南北合作。由于发展中国家的经济实力有限，在过去很长一段时间内，南南合作都不被看好；21世纪以来，随着新兴经济体崛起，逐渐成为全球经济增长的重要引擎后，南南合作开始在促进发展中国家经济增长中发挥更大的作用。"一带一路"沿线国家多为发展中国家，在"一带一路"建设过程中，广大发展中国家将在实践中探索南南合作新模式，强化南南合作的力度，凝结发展中国家间的共识，打造发展中国家命运共同体，进一步提升发展中国家在世界经济格局中的地位。同时，"一带一路"倡议是开放性倡议，越来越多的发达国家积极参与到"一带一路"倡议中来，南北之间的合作逐步增加，将通过技术转移和资源优化配置等方式，进一步拉动发展中国家产业结构升级，实现经济腾飞。当前，国际产能合作中逐渐形成了"发展中国家—发展中国家产能合作""发展中国家—发达国家产能合作"和"国际产能三方合作"等模式，推动南南合作、南北合作的持续深入开展。

第四，有助于推进全球治理体系的优化。中国的经济发展与全球的关系越来越紧密，深度参与全球治理是必然的选择；与此同时国际社会要求中国承担更多国际责任的外在压力也越来越大。"一带一路"倡议是中国对优化全球治理体系做出的重要贡献，其中已得到国际社会公认的至少有以下几点。首先，"一带一路"倡议是中国在不改变现有国际规则的情况下，发挥自身优势实施的增量改革，这就最大限度地避免了新兴经济体同发达国家之间爆发冲突的可能性，有利于实现更长期的和平发展。其次，"一带一路"倡议秉持合作发展的理念，强调开放性与包容性，而不是一个实体和具有强制约束力的机制，这与国际上已有的一些具有强制约束力的全球治理模式相区分，让参与者拥有更多的自主权和选择权，以及更大的灵活性。最后，"一带一路"倡议强调"共商、共建、共享"，明确提出打破地区限制，打造开放、包容、均衡、普惠的区域合作架构，这种合作理念有利于推动全球治理体系向更加公平、公正、合理的方向演进。此外，"一带一路"倡议特别强调包容性发展，即让发展成果惠及每一位普通民众，尽力避免以往全球化模式所造成的贫富差距不断加大、地区发展不平衡现象。

第五,为促进非洲发展带来难得的历史机遇。"一带一路"涵盖非洲大陆,非洲是"一带一路"的重要组成部分。非洲与"一带一路"的关联以及在"海上丝路"中的重要性主要表现为:一是非洲东部海岸港口是海上丝路的重要组成部分,二是位于西印度洋的非洲岛国构成了海上丝路的支点,三是红海及亚丁湾安全构成了海上丝路的重要保障,四是非洲正成为中国、印度、日本、韩国等亚洲国家举足轻重的投资和贸易合作伙伴,五是非洲是亚洲与欧洲之间海上交往的重要枢纽和转运站。[1] 非洲国家普遍欢迎"一带一路"倡议,在 2015 年 12 月中非合作论坛约翰内斯堡峰会上,非洲领导人一致认为"一带一路"倡议对非洲来说同样重要,欢迎中方积极参与非洲铁路、公路、港口、通信等基础设施和互联互通建设并向非洲转移优质产能。肯尼亚和埃塞俄比亚领导人应邀参加了于 2017 年 5 月在北京召开的"一带一路"国际合作高峰论坛。

"一带一路"建设将推进中非经贸合作关系进一步加强,对非洲国家的经济社会发展同样具有积极意义。

---

[1] 李安山:《人类命运共同体视阈下中非产能合作:潜力、优势与风险》,《统一战线学研究》2018 年 5 月。

中非在"一带一路"框架下的产能合作将拉动非洲国家制造业的发展,从"中非联合制造"向"非洲制造"演进;有助于非洲国家构建更加完整的工业体系,加快工业化进程,更好地参与国际分工、融入全球产业链。"一带一路"建设将进一步推动中非"三网一化"合作,中非基础设施建设合作的范围和规模将继续扩大,合作模式不断创新,缓解非洲基础设施落后的局面,为非洲经济发展创造新的血脉。"一带一路"建设将通过更多的贸易便利化措施,增加非洲国家对中国的出口,逐步实现中非贸易均衡,促进中非贸易健康可持续发展。"一带一路"倡议强调包容性发展,相关合作成果将有助于不断改善民生,提升非洲广大民众的福祉。"一带一路"倡议还将优化全球治理体系,提升发展中国家在全球治理体系中的发言权,非洲国家因此会从中受益。

(二)非盟《2063年议程》与非洲发展前景展望

2015年非盟峰会通过的《2063年议程》是未来50年指引非洲大陆社会经济转型发展的战略框架,该文件对非洲的工业化、一体化、基础设施建设、妇女和青年发展等方面做了规划,提出了非洲发展总体构想。

《2063年议程》的总体目标是建立一个由非洲公

民推动的一体化、繁荣和平的非洲。包含 7 个方面的愿景：以包容性增长和可持续发展为基础的繁荣的非洲；基于泛非主义理念和非洲复兴愿景的一体化的非洲；良政、民主、正义和法治的非洲；和平安全的非洲；具有强烈的文化认同感，共同的传统、价值观和道德观的非洲；秉承以人为本，注重挖掘妇女和青年潜力，关爱儿童的非洲；作为一个强大、团结、富有活力和影响力的全球参与者与合作伙伴的非洲。

为推动《2063 年议程》付诸实施，非盟还通过了"第一个十年实施计划"，主要有五个方面的内容：一是确定优先领域和具体发展目标，确定实施"第一个十年实施计划"所需的战略规划和政策措施；二是提出实现非盟快速轨道项目和倡议，为非洲经济和社会变革提供推动力；三是向非洲国家、次区域和非洲大陆层面的所有关键利益攸关方提供有关"第一个十年实施计划"的相关信息；四是在计划实施、监督和评估中规定所有利益相关者的责任和义务；五是在"第一个十年实施计划"实施中确保资源可得，以及公民参与度。计划还提出了多个关键项目，经由非盟首脑会议批准后实施，将对非洲经济社会发展产生重要影响。这些项目主要包括高速列车网络、非洲商品经济战略、年度非洲论坛、大陆自由贸易区、非洲人员自由流动、泛非电子网络、统一的空运网络等。

工业化是非盟《2063年议程》及其"第一个十年实施计划"的重要内容。为确保非洲工业发展，非盟将敦促成员国大力支持私营部门发展，纠正市场和制度缺陷，营造私营企业运营的良好环境，提升私营企业的创新能力和竞争能力，鼓励私营企业积极参与公共项目投资。在"第一个十年实施计划"中，非盟希望各成员国致力于实施促进宏观经济稳定的政策，实施能促进国内储蓄和投资的政策，实施能增加中小微企业融资机会的政策，制定基于价值链概念的产业政策；增加制造业、采掘业和服务业领域的科技与研发投入；制定和实施成立地区制造业中心、地区商品交易所的战略；发展综合性融资手段，包括内部融资和外部战略伙伴融资。[①]

非盟《2063年议程》指导思想是对人的尊重，承诺实现公正，与过去非洲大陆实施的一些倡议或规划有一定的区别，主要体现在以下几方面。

首先，《2063年议程》推出采取的是自下而上的方式，在议程制定过程中与非洲公民进行了广泛而深入的磋商，增强了公民代表性，充分反映了非洲普通民众的愿望和心声。非盟强调《2063年议程》不单单是非洲国家政府的职责，广大普通民众同样具有推动

---

① 李智彪：《非洲工业化战略与中非工业化合作战略思考》，《西亚非洲》2016年第5期。

实施该议程的权利和义务。其次，《2063年议程》是以结果为导向的战略规划，此前所有重要的大陆层面和次区域层面的倡议或规划（包括但不限于《拉各斯行动计划》《阿布贾条约》《非洲基础设施发展规划》《非洲农业综合发展计划》《非洲发展新伙伴计划》）首次被纳入一个统一系统框架，加强各类规划的一致性，消除政策的重叠冗余，为国家、次区域和大陆等不同层面的利益相关者都设定了方向、目标和战略，并且成为利益相关方绩效的基础。最后，制定了监督、评估和问责机制，监督和评估小组将在议程执行中期进行绩效评估，确保计划内项目的实施效果，并为议程的调整和修改提供基础性信息；问责小组将监督和评估的结果用于管理责任的确定和实施。

非盟《2063年议程》及"第一个十年实施计划"旨在开展经济结构性转型，在非洲大陆实现更公平的收入和财富分配，强调实现包容性的增长和可持续发展，这将有助于纠正目前非洲经济社会发展存在的突出问题，推动非洲经济社会健康可持续发展。

（三）"一带一路"倡议与《2063年议程》对接

中国的"一带一路"倡议与非盟《2063年议程》在目标、手段和重点领域等方面存在着许多共性，这有利于二者之间实现对接，推动双方合作全面深入开展。

　　第一，发展是"一带一路"倡议和《2063年议程》的共同目标。

　　"一带一路"倡议和《2063年议程》都以实现发展作为根本目标。党的十九大报告提出了未来发展的蓝图，即2035年基本实现社会主义现代化，21世纪中叶把中国建成富强、民主、文明、和谐、美丽的社会主义现代化强国。通过"一带一路"建设，为中国资本开拓对外投资空间，拓展投资载体，形成经济社会发展新动力；通过西部地区扩大对外开放，努力缩小东西部之间的差距，实现地区间均衡发展；通过"一带一路"贸易相通，与各沿线国家扩大贸易往来，实现共同发展。非盟《2063年议程》提出，到2063年将非洲建设成为一个繁荣和平的非洲。在肯定21世纪以来各领域不断发展的基础上，非洲强调利用好当前良好的外部发展环境，利用好非洲各种资源，包括自然资源、人力资源、市场及技术、贸易等，促进非洲各国发展，满足人民对经济增长和民生改善的期望。《2063年议程》同时提出系统的工业化发展目标和保障措施，并提出若干关键性项目。非盟希望以此推动非洲工业化进程，实现非洲大陆互联互通，推进非洲地区一体化进程，实现"发展"这一非洲人民的普遍愿望；同时强调包容性增长，实现更公平的收入和财富分配，打破"有增长、无发展"的长期痼疾，实现发展的普惠性。目标一致性为"一带一路"倡议和《2063年议程》对接奠定了基础。

第二，产业转型升级是"一带一路"倡议和《2063年议程》的共同诉求。中国提出的国际产能合作并非简单的产能转移，而是全产业链的国际合作模式，在帮助其他发展中国家建立和完善产业体系的同时，实现中国产业结构的优化升级。《2063年议程》提出通过工业化促进非洲经济转型，实现工业化是其重要内容，具体目标是到2063年，实现制造业产值占非洲大陆国内生产总值的50%以上，制造业部门吸纳50%以上的新增劳动力人口，有效参与全球价值链。"第一个十年实施计划"提出到2023年，非洲国家制造业产值占国内生产总值的比重比2013年增长50%以上，非采掘业工业产值至少有30%为非洲本土企业创造，采掘业工业产值至少有20%为本土企业创造；成立至少5个大宗商品交易所，每个区域经济一体化组织内部至少有一个制造业中心开始运作。[①]"一带一路"框架下，中非在产业转型升级方面有着共同诉求，这为双方开展国际产能合作提供了基础。

中国有关产业转移到非洲，可以促进资源优化配

[①] 李智彪：《非洲工业化战略与中非工业化合作战略思考》，《西亚非洲》2016年第5期。

置，实现低附加值的产业向价值链上游升级。非洲国家则可利用比较优势承接来自中国的产业转移，通过提升制造业水平来加快工业化进程。中国的基础设施建设优势和工业园区建设与管理经验可以提升非洲国家的自主发展能力，并一定程度改善非洲国家的营商环境。目前已确定多个政局稳定、经济基础较好的非洲国家作为产能合作重点国家，有针对性地试点推进以互通互联和工业化建设为核心的产能合作，包括南非、肯尼亚、坦桑尼亚、埃塞俄比亚、刚果（布）等国。在这些国家均有代表性项目开展，而且部分项目已取得阶段性成果。

第三，设施联通是"一带一路"倡议和《2063年议程》的共同优先领域。中国发布的《共建"一带一路"愿景与行动》文件指出，基础设施互联互通是"一带一路"建设的优先领域。在尊重相关国家主权和安全关切的基础上，"一带一路"沿线国家宜加强基础设施建设规划、技术标准体系的对接，共同推进国际骨干通道建设，逐步形成连接亚洲各次区域以及亚欧非之间的基础设施网络。《2063年议程》也指出，通过运输、能源和通信等基础设施建设，实现非洲大陆各国间的联通；同时提出多个基础设施互联互通项目，以跨区域基础设施项目为主。

"一带一路"倡议将为非盟《2063年议程》基础

设施建设计划提供强有力支持。中国政府出台了与非洲发展诉求相辅相成的政策及配套方案。2014年5月，李克强总理访问非洲，提出中非合作的四项原则（平等、务实、真诚、守信），六大工程（产业、金融、减贫、生态环保、人文交流、和平与安全）和一个平台（中非合作论坛）。2015年1月，中国政府与非盟签署了推动"三网一化"建设的备忘录，该计划时间跨度长达48年，覆盖非洲全境的高速铁路、高速公路、航空和工业化基建设施建设。2015年12月，中非合作论坛约翰内斯堡峰会提出了2016—2018年中非"十大合作计划"，并为此配套600亿美元资金，其中基础设施建设是最重要的合作领域之一。截至2016年6月，中国共融资支持非洲修建了5675公里铁路、5063公里公路、13座机场、20座桥梁、12个港口和68座电站，极大改善了非洲基础设施条件，不仅为有关国家发展做出了积极贡献，也为包括中国在内的国际合作伙伴开展对非洲投资合作创造了更好的条件。[①]未来，中国政府将鼓励更多的中资企业积极参与非洲基础设施建设和运营。

第四，"一带一路"+"发展走廊"是"一带一

---

① 林松添：《中国对非政策新理念新举措：助推非洲经济转型发展》，2016年6月7日，外交部网站，http://www.fmprc.gov.cn/zflt/chn/zfgx/zfgxjmhz/t1370192.htm。

路"倡议和《2063年议程》对接的突破口。"发展走廊"是非盟依托"资源走廊""空间走廊"实现"非洲发展新伙伴计划"以及《2063年议程》目标的全非洲共识和重要的区域合作规划。已经形成的全非洲范围内13个"发展走廊"规划也是基于非洲国家现有资源、市场等发展条件而提出的。"发展走廊"规划具有较强的市场吸引力和发展潜力,以"一带一路"+"发展走廊"作为"一带一路"倡议和《2063年议程》对接的突破口,能有效整合非洲资源禀赋,将非洲的资源优势转化为现实增长力,逐步解决制约非洲发展的基础设施瓶颈,促进非洲地区一体化进程,带动非洲经济多元化和工业化发展,同时有利于解决中非经贸合作存在的结构性问题。

第五,民心相通是"一带一路"倡议和《2063年议程》的共同关切。《共建"一带一路"愿景与行动》文件指出,民心相通是"一带一路"建设的社会根基,要广泛开展文化交流、人才交流、青年和妇女交往等,为深化双多边合作奠定民意基础。《2063年议程》特别重视性别平等和妇女权利,认为如果女性全面参与社会经济发展的权利受到限制,将是对人力资源的巨大浪费,不利于社会进步。"第一个十年实施计划"特别提出,到2023年,非洲每年有20%的非正规部门企业转化为正规部门企业,其中由妇女拥有的此类企业的转化率不少于50%。《2063年议程》还非常重视青年发展问题,鼓励非洲国家政府加大对青年的投资,培养更多人才,并采取有效措施防止人才外流,以实现非洲自主发展。双方的共同关切决定了"一带一路"倡议与《2063年议程》在妇女权利、人力资源开发、青年就业等领域有很大的合作空间,中非双方将以青年和妇女交往、创业培训、职业技能开发、社会保障管理服务等多种形式开展相关合作。

二 国际产能合作与非洲工业化战略对接

(一)国际产能合作对世界及非洲发展的意义

国际产能合作是中国在"一带一路"建设实践中提出的新概念,对中国和世界发展都具有重要意义。国际产能合作不仅是指工业领域生产能力的国际合作,还是广泛涵盖了工业、基础设施、技术、管理、金融服务等诸多领域的国际合作,是一种新的跨国合作模式。

理解国际产能合作至少需要厘清以下几点。首先,国际产能合作概念产生于"一带一路"建设实践中,因此"一带一路"所倡导的"开放、包容、互利、共赢"等基本原则和理念也完全映射于国际产能合作领域,成为其基本内涵。"一带一路"建设的长期性也决定了国际产能合作是长期的，将贯穿于很长一段时期内中国的国际经济合作中。其次，国际产能合作不是简单的产能转移，更不是中国将过剩和落后产能输出到其他国家去，而是覆盖全产业链的产业能力建设国际合作，既有利于帮助相关国家建立和完善产业体系，提升它们的经济内生发展能力，同时有助于实现中国的产业结构优化升级。再次，国际产能合作是开放和包容的，欢迎所有类型的国家和地区参与合作，但不可否认，发展中国家是更重要的合作对象。当前，中国的产业发展层次和技术能力水平处于全球产业链中承上启下的关键环节，更适合处于工业化前期的发展中国家。

国际产能合作将拉动发展中国家经济发展。经过多年的高速发展，中国形成了大量优质富余产能和适用性较强的技术能力，很多发展中国家处于工业化初期，发展工业的意愿强烈，通过对接中国相对先进的产业，引入优质资源，在国际产业分工和要素禀赋变化的过程中，中国的优势产业有可能成为这些发展中国家的新兴产业，甚至是支柱产业，其中"一带一路"沿线发展中国家将成为最主要的受益者。

国际产能合作将推动全球资源优化配置。通过与发展中国家进行产能合作，可以将中国的优质产能和技术能力与发展中国家的资源禀赋和发展需求有机结合。通过与发达国家开展产能合作，可以将中国优势与发达国家的核心技术能力、高效管理制度结合起来，促进各方资源的合理利用，提升资源配置效率。国际产能合作还将催生新的融资需求，尤其国际产能合作所伴随的基础设施建设，更将创造大规模的融资需求。在此过程中，参与方不仅要提供传统的金融产品和服务，还要根据不同的项目要求开展金融产品和服务创新，以及更全面的金融监管。

非洲是中国开展国际产能合作的重要地区之一，中非产能合作将对非洲经济和社会发展起到明显的拉动作用。在"一带一路"建设和产能合作框架下，中非之间将开展更广泛的产业合作。中国将有更多企业在非洲不同的行业投资兴业，中国各类产业技术和标准将更多地进入非洲，不仅会直接带动非洲相关产业发展，还将通过溢出效应带动上下游产业发展，帮助非洲国家建立和完善产业体系，加速工业化进程，实现经济多元化。非洲国家将充分利用中国大量资本的进入，弥补国内储蓄和外汇的双缺口，增加资本积累。非洲还将借助中国在基础设施领域的优势推进本地区的互联互通，改变铁路、公路、区域航空三大网络发展滞后的局面，优化投资环境，降低运营成本。

制造业是非洲国家实现工业化的优先和关键领域，中国在国际制造业产业链中居于承上启下位置，中非产能合作有助于提升非洲国家的制造业水平，有助于改变多数非洲国家以资源性产品和粗加工产品为主的国际贸易结构，改变国际收支长期逆差状态，逐步实现国际贸易的均衡。中非产能合作还将为非洲国家创造更多的非农就业岗位，尤其是劳动密集型产业将吸纳大量劳动力。此外，中国企业在当地劳动力培训方面的投入，将明显提高劳动生产率，促进非洲国家的人力资源开发。

（二）工业化战略是实现非洲发展的必由之路

非洲大陆整体上处于前工业化时期或工业化初期，工业产值对国内生产总值的贡献率远低于世界平均水平；工业经济增长较为缓慢，对国民经济的促进作用较小。历史的经验和实践表明，工业化是实现国家现代化的必由之路，因此推动工业发展，加快工业化进程一直是非洲国家关注的重要议题。为此，从非盟到次区域组织，再到非洲国家层面都制定了与工业化相关的战略规划。

在非盟层面，2008年召开的第十届非盟首脑会议上，非盟委员会协同联合国工业发展组织、联合国非洲经济委员会及其他合作伙伴共同制定了"非洲工业加速发展计划"。该计划确定了七大优先实施领域：（1）在非洲大陆、次区域和国家、国际合作层面，制定促进生产和出口多元化、自然资源管理和开发、基础设施开发、人力资本开发和科技创新等有助于工业化发展的政策。（2）努力推动非洲由资源依赖型经济向动力多元化工业经济转型，提升非洲产品在全球相关行业价值链的位置。（3）重视对基础设施领域（包括能源、通信、交通、水资源等）方面的投资。（4）重视技术人才教育和培训，为工业化发展保障人力资源供应。（5）重视促进非洲工业化发展的产品国际准入和标准接轨。（6）在促进工业化发展的政策制定方面充分考虑国内和国际私营资本投资的自身发展需要。（7）加强金融和资本市场机制建设，为工业化发展提供资金支持。2015年9月非盟发布的《2063年议程》是最新的非洲工业化指导文件，提出非洲到2063年通过工业化促进经济转型，提升资源附加值，创造就业岗位，大力发展制造业，扩大非洲制造业在全球价值链的份额。

  非洲一些次区域性组织也制定了本区域的工业化战略。如2015年南共体特别首脑会议通过了《南共体工业化战略》和路线图，努力推动南共体从依赖资源和低成本的劳动力向增加投资和促进生产力方向发展，夯实农矿产品加工业发展基础，进一步参与国家、地区乃至全球层次的产业价值链。西非地区共同工业政策内容包括区域经济概览、政策重点以及工业发展目标、战略、措施和指导方针等,旨在拓宽西非国家的工业生产领域,并实现多样化。主要目标包括到2030年将该地区国家原材料在本地加工的比例提高到30%以上,制造业在国内生产总值中的贡献率提升到20%以上等。①

非洲国家充分认识到实现工业化的重要意义,纷纷将工业化战略作为国民经济发展的关键性战略。如2015年10月肯尼亚发布了"十年工业化发展规划",大力挖掘工业潜力,推动国际合作,其中包含五项具体发展战略:在农业加工、纺织、石油化工等领域设立旗舰投资项目;推动中小企业发展;优化工业发展环境;设立工业发展基金;建立专门的执行监督机构。肯尼亚政府着力推动在蒙巴萨等地建立自由贸易区和出口加工区,争取创造100万个就业岗位,简化投资审核程序,吸引外商直接投资。尼日利亚2014年出台了《尼日利亚工业革命计划》,旨在通过加快制造业特别是中小型企业的发展,提高工业竞争力,最终实现工业化;优先发展农业、矿业、油气相关产业及建筑业、轻工业和服务业。南非、加纳等非洲国家也都分别出台了本国的工业化战略。

---

① 姚桂梅:《从一体化视角看非洲工业化的新动力》,《西亚非洲》2016年第4期。

(三) 国际产能合作与非洲工业化战略对接

国际产能合作主要是围绕生产能力新建、转移和提升的国际合作，以企业为主体、市场为导向，以制造业及相关基础设施、能源资源开发为主要领域，以直接投资、工程承包、装备贸易和技术合作为主要形式。中国与非洲国家之间经贸关系密切，双方产业互补性强，相互需求强烈，具备全面开展产能合作的基础。近年来，许多非洲国家陆续出台了中长期社会经济发展规划，确定了优先发展的产业和重点地区。根据非洲国家实际需求和中国产业结构优势，未来一段时间里中非产能合作的主要领域将包括制造业、采掘业、基础设施建设、新能源业以及服务业等。

第一是制造业领域。非洲制造业能力较低，在全球产业分工中长期处于原材料供应者的地位。当前很多非洲国家正在吸引外资流向制造业，努力推动制造业向多元化方向发展，传统的加工制造业呈产业链集群发展势态；制造业领域的中小企业迅速发展，成为推动非洲工业及经济发展的新兴力量。在此背景下，中非双方应根据非洲国家生产和消费结构的变化，加强在矿产品加工、农产品加工、家用电器、纺织品等生产和消费品领域的合作，把非洲的资源优势、劳动力成本优势和中国的资金技术优势结合起来，变中国制造为非洲制造，提高非洲产品的附加值，帮助非洲建立和发展工业体系，使非洲有更多的产品出口。据此，以下三个产业可作为重点合作产业。一是汽车制造。非洲汽车产业发展水平低，市场潜力大；市场准入门槛较低；非洲市场与中国自主品牌汽车产品契合度高；中非汽车业合作符合双方的产业发展诉求，对中国汽车产业全球布局和长远发展具有重要战略意义。二是家电行业。近年来，非洲家电市场容量每年都以两位数的幅度增长，多数国家的家电产品大部分依赖进口，市场前景良好。三是医药生产和医疗设备制造。非洲国家整体消费能力迅速提升，医药市场供需矛盾加剧；医疗卫生事业受到更多重视，出现产业本土化和监管标准一体化等新动向，医药商业环境日趋成熟，医药市场面临很好的历史机遇。

第二是矿业领域。矿业一直是中非合作的重点领域，在国际产能合作框架下，中国将会继续加大对非洲矿业和能源的投资力度，以建立稳定的海外矿产品和能源供应基地，同时需要不断完善合作方式，提升合作水平，提升中国企业的国际化经营能力。中国政府应从支持本国企业获得勘探权入手，投资非洲矿业，并且引领矿业生产向深加工领域延伸，向增加附加值方向发展；鼓励中国企业通过收购—生产—运营的投资模式，实现属地化、国际化经营。

第三是基础设施建设领域。过去中国与非洲的基础设施建设合作多以援助方式，或以项目承包商和设备供应商的身份参与。近年来逐渐开始通过投资方式参与非洲基础设施建设和运营管理。未来，中国政府需要继续通过政策倾斜、优惠贷款等措施，鼓励中国企业积极参与非洲基础设施建设和运营项目，同时鼓励中国金融机构通过多种融资方式支持非洲基础设施互联互通项目，帮助非洲国家消除贸易和投资所面临的基础设施瓶颈，降低贸易成本，促进投资便利化，加快地区一体化进程。

第四是新能源领域。非洲的水电、太阳能、风电、地热及各类生物质能源资源丰富，发展新能源基础条件优越。埃及、尼日利亚等20多个非洲国家都出台了包括减免税收、电价补贴、提供贷款等激励措施，以促进本国新能源开发。中国是新能源设备制造大国，中非具备开展新能源合作的良好条件，中国相关企业需要加强对非洲新能源开发的参与力度，增加对非洲新能源领域的投资，扩大新能源技术、设备对非洲出口，实现互利共赢。

第五是现代服务业领域。服务业是近年来非洲经济增长的重要驱动力，但整体发展水平仍然较低，金融、电信、航运、旅游等新兴服务业发展空间巨大。金融业是中非服务业合作的核心领域之一。目前中非金融业合作还处于初期阶段，但是发展势头良好，未来中方银行、中方证券和保险金融机构在非洲的业务将获得加速发展，跨境人民币业务将成为中方金融机构在非洲发展的优势增长点。中非医疗服务合作将成为新兴领域。除制药和医疗器械制造外，中国在非洲医疗机构的开设和运营、医疗技术的推广与运用都是重要突破口，其中数字医疗诊断中心将是未来中国对非洲医疗行业投资的重要方向。支线航空是中非服务业合作的"蓝海"。目前非洲的区域航空匮乏，非洲域内通航不充分，特别是在非洲的中西部地区，很多国家间没有直达航线。从航线运营来看，运力与市场需求之间也存在很大的不平衡。未来数年里，非洲市场对支线客机和支线航空运营的需求很大，非洲支线航空将迎来强劲增长。中国民航业企业在航空基础设施建设、机场设备、民航管理及飞行员培训等方面都有很强的实力，中国生产的民航飞机逐渐被国际民航市场认可，具备了"走出去"的实力，中非民航业合作面临大好机遇。

三　中国扶贫思想经验与非洲减贫计划对接

（一）习近平扶贫思想与中国减贫经验

消除贫困是中国全面建成小康社会的重要环节。党的十八大以来，习近平总书记对扶贫问题做出了一系列重要论述。第一，消除贫困是社会主义的本质要求。习近平总书记在2014年全国社会扶贫工作电视电话会议上指出，"消除贫困，改善民生，逐步实现全体人民共同富裕，是社会主义的本质要求"。第二，将精准扶贫确立为新时期的扶贫战略。2015年6月，习近平总书记在贵州主持扶贫开发工作会议时发表重要讲话指出，"扶贫开发贵在精准，重在精准，成败之举在于精准。各地都要在扶持对象精准、项目安排精准、资金使用精准、措施到户精准、因村派人（第一书记）精准、脱贫成效精准上想办法、出实招、见真效"。此次会议将精准扶贫正式确立为新时期扶贫战略。第三，发展是摆脱贫困的总办法，扶贫要与区域发展结合，只有推进实施区域发展总体战略，大力实施集中连片特困地区区域发展与扶贫攻坚规划，才能实现"造血式"扶贫。第四，扶贫开发工程是一项上下联动的系统工程。习近平总书记指出，"各级党委和政府必须增强紧迫感和主动性，在扶贫攻坚上进一步理清思路、强化责任，采取力度更大、针对性更强、作用更直接、效果更可持续的措施，特别要在精准扶贫、精准脱贫上下更大功夫"[1]。第五，要形成大扶贫格局。习近平总书记指出，"扶贫开发是

---

[1] 《习近平：各级党委和政府要看真贫、扶真贫、真扶贫》，2015年10月16日，新华网，http：//www.chinanews.com/gn/2015/10－16/7573232.shtml。

全党全社会的共同责任，要动员和凝聚全社会力量广泛参与。要坚持专项扶贫、行业扶贫、社会扶贫等多方力量、多种举措有机结合和互为支撑的'三位一体'大扶贫格局"①。此外，习近平总书记还提出扶贫最艰巨的任务在民族地区等思想。

在习近平总书记扶贫思想的指引下，中国扶贫工作进一步取得突出成绩。据政府制订的贫困标准，中国农村贫困人口数量从1978年的2.5亿下降为2012年的9899万人。到2017年年底，又有6000多万贫困人口稳定脱贫，贫困发生率降到4%以下。若以当今人均日收入不足1.9美元的新国际贫困线来衡量，中国的贫困发生率由1990年的66.6%下降到2016年的1.9%。② 中国在长期扶贫工作中积累了丰富经验，其中有些经验对非洲减贫具有借鉴意义。概括起来，中国的扶贫经验主要有以下几点。

第一，新时期的精准扶贫战略。首先是精准识别，这是精准扶贫的关键，包括贫困户的精准识别和致贫原因的精准识别。贫困地区探索出来的"五步识别法"是贫困户精准识别的重要手段，即按照农户申报、村民评议、政府调查、部门审核、张榜公示五道程序

---

① 《习近平论扶贫工作》，《红旗文摘》2016年第2期。
② http：//databank.worldbank.org/data/views/reports/reportwidget.aspx？Report_ Name = CountryProfile&Id = b450fd57&tbar = y&dd = y&inf = n&zm = n&country = CHN，2018 - 04 - 05。

识别贫困户，并对贫困户建档立卡，扶贫资源直接分配到建档立卡户头上。贫困户的致贫原因既有共性原因，也有特殊原因，识别致贫原因实际上就是找准病根，对症下药。其次是精准帮扶。贫困户及其致贫原因识别出来之后，就要根据不同地区、不同人群、不同致贫原因精准地设计帮扶策略，克服以往"一刀切"帮扶的弊端。再次是精准管理。在宏观层面上要建立自上而下的精准扶贫体制。在微观层面上要运用信息化手段对所有建档立卡贫困户进行动态信息化管理，及时了解其发展和变化，以便调整帮扶对策。

第二，强调政府的主导作用，提高扶贫政策执行力。政府作为强制性制度供给的主体、管理和使用公共资源的主体和社会经济发展的直接干预者，通过政策工具、选择经济与社会发展模式，可以有力地影响国家减贫行动的进程和效果。中国政府建立了完整的扶贫政府组织机构与管理体系，明确将扶贫作为各级政府的重要工作任务，实行扶贫工作党政"一把手"负责制，把扶贫开发的效果作为考核地方党政负责人政绩的重要依据。

第三，设立国家专项扶贫资金，确保国家减贫计划实施。自中国政府1986年开始有组织、有计划、大规模地开展农村扶贫开发以来，以中央财政专项扶贫资金为主要资源，把扶贫开发作为公共财政投入的优先领域，把贫困地区作为公共财政支持的重点区域。1986年中央财政专项支出仅19亿元，到2017年达到861亿元。中央财政专项扶贫资金支出方向包括：扶贫发展、以工代赈、少数民族发展、"三西"农业建设、[1] 国有贫困农场和林场扶贫等。[2] 当前，在精准扶贫政策下，把扶贫资金使用与贫困户建档立卡结果相衔接，与脱贫成效相挂钩，切实使资金惠及贫困人口。正是持续且强有力的减贫专项资金的投入，才保证减贫计划由蓝图变成现实。

第四，以强劲的经济增长速度与质量减少贫困。改革开放以来，中国经济一直保持中高速增长，一方面为贫困人口提供了更多、更好的就业和创收机会；另一方面增加了政府财政收入，使政府更有能力去帮助贫困人口。由此，强有力的经济增长为人们获得高水准生活质量和政府实施减贫政策提供了坚实支撑。

第五，多业并举促进减贫。中国的贫困人口主要分布在广大农村，因此解决中国的贫困问题实质上就是农村的减贫问题。中国政府始终把帮助农民摆脱贫困、走向富裕作为国家政策的核心。一方面通过一系

---

[1] "三西"地区指甘肃的河西、定西和宁夏的西海固，1982年成为中国第一个区域性扶贫开发实验地。

[2] 参见《中央财政专项扶贫资金管理办法》，2018年4月11日，中国政府网，http://www.gov.cn/xinwen/2017-03/24/content_5180423.htm。

列有利于"三农"的政策措施,既解决农民的温饱及基本生活需要问题,又为国家可持续发展与减贫奠定了良好基础;另一方面以大力推动第二、第三产业发展以及提供劳动就业培训等方式,解决农村贫困人口就业问题。例如,随着电子商务在中国迅猛发展,快递服务类业务量激增,创造了大量就业岗位,而从事快递业务的人员大多数来自农村。

第六,坚持以自力更生、自我发展为基础。可持续减贫的关键在于贫困人口自身具有减贫的内生动力,主要依靠自我努力来实现脱贫减贫。也就是说,在减贫过程中,各级政府通过产业扶贫、金融扶贫等方式,强调贫困人口在扶贫开发中的主体地位,调动他们的主动性、积极性和创造性,早日实现脱贫。"扶贫先扶志",首先贫困人口自身要有信心、有决心,然后在政府的帮助下,通过辛勤劳动发家致富,才能永久摆脱贫困。若单靠政府扶持或救济,贫困人口本身不努力,则很难实现减贫。此外,外援也是中国减贫的重要支持力量,有助于合理吸收和借鉴国际社会的扶贫经验,提高中国扶贫开发的整体水平。基于此,中国政府确立了"以我为主"和"为我所用"的利用外援指导思想。中方选择外援项目坚持三大标准:一是必须符合中国的长期发展规划,二是必须符合中国的扶贫计划,三是必须因地制宜。

(二) 非洲减贫计划与非洲国家发展

随着包容性经济增长越来越得到非洲国家的认同,如何使经济增长充分体现益贫性、摆脱"有增长、无发展"的困境,成为非洲各国面临的重要议题。另外,非洲一些国家和地区出现政局动荡、恐怖主义猖獗现象,归根到底是由于发展不足、民生问题未得到有效解决造成的。基于此,摆脱贫困、落后、不发达状态成为非洲国家的共同诉求,并制订了相应的经济社会可持续发展战略和政策。在非洲大陆层面,2001 年非洲统一组织提出《非洲发展新伙伴计划》,其宗旨就是解决非洲大陆面临的贫困加剧、经济落后和边缘化等问题,消除贫困是核心议题之一。[①] 2004 年 9 月,非盟国家元首和政府首脑在布基纳法索首都瓦加杜古举行了有关非洲就业与减贫的特别峰会,通过了《瓦加杜古宣言》(即《非洲就业、消除贫困及包容性发展宣言》)及《行动计划》,提出了实现就业、减贫与经济包容性增长目标。[②] 2015 年非盟《2063 年议程》

[①] 参见《非洲发展新伙伴计划》,2009 年 3 月 18 日,http://www.nepad.org/2005/files/documents/inbrief.pdf。

[②] 关于《瓦加杜古宣言》和《行动计划》的内容,参见 https://www.tralac.org/news/article/5987-extraordinary-summit-of-the-african-union-on-employment-poverty-eradication-and-inclusive-development-ouagadougou-burkina-faso.html,2018 – 05 – 12。

提出包括"基于包容性增长和可持续发展的繁荣的非洲"等实现非洲复兴的七大愿景,其中诸多内容涉及减贫与发展问题。在减贫时间表方面,《2063年议程》提出,非洲人民经过持续努力,在2025年前利用一代人的时间来根除贫困问题,包括实现青少年发育不良率降至10%、儿童体重不足率降至5%以下、根除饥饿和食品安全问题(减少食品进口量,提升非洲内部的农业及食品贸易)等具体减贫目标。[①] 在国家层面,非洲国家中长期发展规划都聚焦于包容性经济增长、创造就业、性别平等、基础设施建设等与减贫密切相关的领域,这些战略为非洲与国际社会开展减贫合作搭建了新平台。

虽然非洲在减贫方面取得了一定成效,但总体进展缓慢。非洲贫困人口规模依然庞大,且数量呈上升趋势,1981年和2015年的贫困人口总数分别为2.02亿和3.52亿,与全球贫困人口逐年下降的趋势相背。其中一个重要原因是非洲的人口增长率高,而人口快速增长抵消了减贫努力。根据联合国经济和社会事务(经社部)公布的最新数据,2017年非洲总人口达12.56亿人,约占全球总人口(75.5亿人)的17%,其中撒哈拉以南非洲人口达10.2亿人。非洲贫困人口

---

① 非盟《2063年议程》的具体内容,参见非盟网站 https://au.int/en/pages/african-aspirations-2063,2018-5-12。

比例始终保持在 40% 以上，这表明其贫困化问题具有长期性，减贫任务非常艰巨。粮食不足问题长期困扰非洲大陆，2016 年全非洲营养不良的贫困人口比例为 16.2%。① 营养摄入不足使非洲地区儿童发育迟缓，5 岁以下儿童身高不足者占 35%。教育方面，非洲小学在校生学业完成率只有 69%，性别入学差距依然普遍存在。生活环境方面，非洲使用改善饮用水源的人口比例为 68%（2013—2016 年），低于发展中国家 87% 的平均水平；同期仍有 70% 的人口无法获得基本的卫生设施；电网覆盖率未及一半人口。寿命方面，由于许多非洲国家公共医疗卫生基本条件低下，2013—2016 年间产妇死亡率为 5.5‰，5 岁以下儿童死亡率为 83‰。② 总之，非洲仍然是当今世界最贫穷的大陆，减贫发展任重道远。

（三）中国扶贫经验与非洲减贫计划对接

中国大力支持非洲国家的减贫努力，愿意同非洲国家进行减贫经验交流，加强双方在减贫领域的合作。未来的中非减贫合作，需要根据国际社会对非洲减贫合作的总体趋势与特点、非洲国家的贫困与反贫困态

---

① African Development Bank, *Indicator on Gender, Poverty and Environment and Progress toward the Sustainable Development Goals in African Countries* 2017, Vol. XVIII, Abidjan, 2017, p. 3.

② Ibid., p. 27.

势、中非友好合作的大局、中国在非洲的利益和政策目标等因素，明确减贫目标和路径，确定优先领域，制定相应政策措施。

第一，以确保粮食安全为中非减贫合作的切入点，解决非洲贫困人口的基本生存需要。战胜饥饿、谋求生存是贫困人口的第一需要，它包括维持贫困人口生存、贫困家庭生活所需要的食品、衣着条件等。非洲粮食安全问题依然突出，据联合国粮农组织统计，2016 年撒哈拉以南非洲地区粮食不足发生率为 22.7%，营养不良人口 2.24 亿，占全球总数的 25%。[1] 2017 年全球急需粮食援助的国家有 37 个，其中 29 个在非洲。[2] 可见，大力发展农业，保障粮食安全、解决温饱问题是关乎非洲普通民众切身利益的头等大事。研究发现，一个百分点的农业增长将使极端贫困发生率下降 2.9 个百分点，贫困家庭的消费支出能力增加 3 倍。在传统农业国家，农业增长对减贫的贡献率远大于其他产业。因此，中非农业减贫合作可从两方面着手：一方面，鉴于非洲尚有一半以上（约

---

[1] FAO, 2017 *Africa Regional Overview of Food Security and Nutrition*, Accra, 2017, http://www.fao.org/fsnforum/zh/africa/news/launch-africa-regional-overview-food-security-and-nutrition-report, p. 6.

[2] 《粮农组织：全球粮食供应充足　但冲突和干旱使饥饿加剧》，2018 年 5 月 19 日，http://www.fao.org/news/story/zh/item/1071699/icode。

为4.5亿公顷）的肥沃土地闲置，可有效开发利用这些土地资源，发展现代化农业，促进粮食本土化生产，改善缺粮问题，缓解饥饿与营养不良状况，提升非洲粮食安全；另一方面，在非盟《2063年议程》《非洲农业综合发展计划》和中非"十大合作计划"框架下，中非双方全面开展农作物栽培、遗传育种、病虫害防治、水土保持、防治荒漠化等方面的农业科研交流合作，提高农业生产率和农业产出附加值，支持非洲加快实现农业现代化。

第二，提高贫困人口素质，增强自我减贫能力。劳动力拥有的体能和智力资源具有生产性的作用，是决定贫困人口减贫能力的关键所在。中非减贫合作应将提升人力资源素质视为重要内容。其一，针对非洲艾滋病、疟疾等热带传染病的侵扰，中方通过继续派遣医疗队员、提供妇幼保健等医疗援助、捐赠抗疟药品、支持非洲构建现代化疾病防控体系、加强人员培训等方式，提升非洲医疗卫生水平和疾病防控能力，改善当地落后的医疗卫生状况。其二，进一步扩大对非洲教育援助规模，为非洲提供更多的政府奖学金，设立与非洲发展相关的政治、经济、管理、卫生等培训项目，加强经验交流，分享发展成果。其三，在农业、工业、教育、医疗卫生等合作项目中，注重职业技能培训与技术转移，在非洲培训更多的本土人才，从根本上增强贫困人口获取经济机会的能力。

第三，推动以工业化发展为核心的包容型非洲经济转型，构建发展型减贫合作。中非工业化合作的主客观条件成熟，在以下几方面具有较大合作潜力。其一，依据非洲国家自然资源和人力资源的比较优势，帮助其发展劳动密集型产业。其二，重点关注经贸合作区这一中非投资合作的新模式，将经贸合作区打造为产业集聚和国际产能合作的示范性平台，以经贸合作区带动区域甚至国家的工业发展。非洲制造业的发展升级，有利于居民充分就业，真正参与和享受经济增长的红利，政府财政资源的增加亦会为国家实施减贫战略与政策提供物质基础。

第四，支持非洲公用基础设施建设，改善贫困人口的生产与生活条件。其一，继续援建学校、医院、体育场馆、文化设施、经济住房、水井等社会公共基础设施，使贫困人口直接受益。其二，顺应非洲国家外向型经济特点，加强铁路、公路、机场、港口、通信、水电设施等经济基础设施建设，改善贸易便利化条件，降低商品交易成本和使用成本，民众亦从中受益。大量实证研究表明，基础设施的完善会提高穷人生活质量，亦可创造更多的经济机会。据统计，仅蒙内铁路就为当地培训了4万多名技术工人，创造了3.8

万个就业岗位。①

第五，提供人道主义紧急救助，避免贫困人口因突发事件致贫或返贫。受制于综合国力和经济条件，大多数非洲国家未能建立完备的防灾、减灾和应对危机机制，粮食储备、物资储备、公共医疗卫生设施等供应很不健全，当灾难和危机发生时，应对能力不足和脆弱性凸显，尤其是贫困人口更易成为受害者。中国作为国际上负责任的大国，在非洲遭受自然灾害或突发事件侵害之时，总是及时伸出援手，向非洲人民提供粮食、医疗卫生等人道主义紧急救助。

"一带一路"倡议与非盟《2063年议程》对接合作，有助于实现非洲发展的长远规划，实现非洲大陆的整体繁荣；国际产能合作与非洲工业化战略对接合作，有助于非洲尽早实现工业化，而工业化是实现现代化的必由之路；中国扶贫思想经验与非洲减贫计划对接合作，有助于非洲大陆早日摆脱贫困，实现非洲人民向往美好生活的目标。与此同时，通过上述三方面的对接合作，进一步提升新时代中非友好合作水平，将会对中国全面深化改革，扩大对外开放，顺利实现"两个一百年"目标，全面建成小康社会，全面建成

---

① 吴绮敏等：《非洲减贫，分享中国经验》，2018年5月19日，人民网，http://world.people.com.cn/n1/2017/0622/c1002 - 29354628.html。

社会主义现代化强国，实现中华民族的伟大复兴具有非常重要的意义。

总之，中非双方唯有坚持和平、发展、合作、共赢的原则，进一步巩固双方全面战略合作伙伴关系，加强优势互补，携手共迎挑战，方能实现共同的发展目标，真正实现互利共赢，造福于占世界总人口1/3的中非广大人民，并为世界和平与发展做出积极贡献。

结　语

　　中非历来是命运共同体。非洲曾遭受五个多世纪的西方殖民统治，中国近代有长达百年的民族屈辱史。共同的历史遭遇，相似的历史命运，让中非人民没齿不忘。20世纪，中非人民携手共进，并肩战斗，共同反对殖民主义、帝国主义和霸权主义，中国大力支持非洲人民争取民族独立和国家解放，非洲兄弟则把新中国"抬进了联合国"，双方结下了深厚的友谊，结成了患难与共、休戚相关的命运共同体。中非传统友谊由毛泽东、尼雷尔等双方老一辈领导人共同亲手缔造，从过去传承到现在，还要面向未来，是双方共同拥有的宝贵历史财富，是双方不断拓展加深合作的坚实基础，是双方携手共建人类命运共同体的强大动力。

　　中国和非洲相互需要。非洲拥有丰富的资源、广阔的市场和发展经济的迫切愿望，需要将资源优势转化为实际发展成果，转化为惠及民生的成果，实现可持续发展；而中国有30多年改革发展的经验和适用的技术和产品，双方优势互补，合作潜力巨大。中非发展战略高度契合，基础设施落后、资金匮乏和人才不足，是严重制约非洲发展的瓶颈，而中国在这些方面具有相对优势。非洲尚处在工业化起步阶段，中国工业化正在向纵深发展，双方在产业对接、产能合作等方面大有可为。卢旺达总统卡加梅曾表示："中国人带来了非洲所需要的东西。"同样，中国也需要非洲，这种互需互补性是推动中非关系持续发展、中非合作不断扩大的内在动力。

平等这一最基本的人权对中非人民来说来之不易。中国和非洲一样，都受过殖民压迫之苦，都是经过火与血的斗争之后方获得解放和自由，都无比珍视平等的权利。无论过去还是现在，中国对非洲从来都是平等相待，中国从不居高临下，从不干涉非洲国家内政，从不把自己的意志强加于非洲，对非援助从不附加任何政治条件。中国和非洲相互尊重对方选择适合自身国情的政治制度和发展道路，中国不输入外国模式，也不输出中国模式，不会要求非洲"复制"中国模式，而是在平等自愿的基础上与非洲国家进行治国理政交流，促进双方相互了解、彼此尊重、加强合作。

合作是中非关系的核心。新时代中非友好合作的宗旨是实现中国与非洲共同发展，满足中非人民对美好生活的向往，造福中非26亿人民。中国真心真诚帮助非洲国家发展经济，努力改善民生，提升自主发展能力。中国援助非洲的目的也是促进非洲发展，惠及非洲广大普通民众，并且以非洲发展带动中非合作，以中非合作实现中非共同发展和共同繁荣。新时代中国与非洲各国，继续坚持以中非合作论坛为重要平台，以共建"一带一路"为重要契机，以构建中非命运共同体和人类命运共同体为重要目标，积极展开对话协商，全面落实中非合作协议，积极推进中非务实合作开花结果，促进中非共同发展繁荣，切实惠及中非广大人民，使中非友好合作进一步成为新时代的主旋律，成为广大发展中国家进行南南合作的典范，成为促进世界和平与发展、构建人类命运共同体的榜样。

参考文献

1. 习近平：《习近平谈治国理政》（第一卷），外文出版社 2014 年版。
2. 习近平：《习近平谈治国理政》（第二卷），外文出版社 2017 年版。
3. 习近平：《摆脱贫困》，福建人民出版社 2014 年版。
4. 习近平：《决胜全面建成小康社会，夺取新时代中国特色社会主义伟大胜利——在中国共产党第十九次全国代表大会上的报告》，人民出版社 2017 年版。
5. 张宏明主编：《非洲发展报告 2014—2015》，社会科学文献出版社 2015 年版。
6. 中国商务部：《中国对外投资合作发展报告 2017》，http：//fec. mofcom. gov. cn/article/tzhzcj/tzhz/。
7. 中国商务部、国家统计局、国家外汇管理局：《2016 年度中国对外直接投资统计公报》，http：//

fec. mofcom. gov. cn/article/tjsj/tjgb/201711/20171102669889. shtml。

8. 中国信息通信研究院：《中国数字经济发展白皮书（2017年）》，2017年7月。

9. African Development Bank Group, *AfDB Strategy for 2013 – 2022-At the Center of Africa's Transformation*, May 16, 2013.

10. African Development Bank, *Indicator on Gender, Poverty and Environment and Progress toward the Sustainable Development Goals in African Countries* 2017, Vol. XVIII, Abidjan, 2017.

11. African Union Commission, *Agenda 2063：The Africa We Want-Framework Document*, AddisAbaba：the African Union, September 2015.

12. FAO, *2017 Africa Regional Overview of Food Security and Nutrition*, Accra, 2017.

13. GSMA, *2017 State of the Industry Report on Mobile Money*, 2017.

14. IMF, *World Economic Outlook, April 2018：Cyclical Upswing, Structural Change*, April 2018.

15. IMF, *World Economic Outlook-Seeking Sustainable Growth, Short-Term Recovery, long-Term Challenges*, October 2017.

16. Jenny C. Akerand Isaac M. Mbiti, "Mobile Phones and Economic Development in Africa", *The Journal of Economic Perspectives*, 2010. 24 (3).

17. Mishra. V. & Bisht. S. , "Mobile Banking in a Developing Economy: A Customer-centric Model for Policy Formulation", *Telecommunications Policy*, 2013. 37 (6).

18. Simplice A. Asongu , "How Would Population Growth Affect Investment in the Future? Asymmetric Panel Causality Evidence for Africa", *African Development Review*, Vol. 25, Issue1, March 2013.

19. Transparency International, *Corruption Perceptions Index* 2017, June 2017.

李新烽，中国社会科学院西亚非洲研究所副所长、研究员、博士研究生导师。出版《非洲踏寻郑和路》（中、英文版）、《郑和与非洲》等著作，发表中英文学术论文20余篇。人民日报社前驻南非首席记者，足迹遍布非洲大陆。其作品获中共中央宣传部第十届精神文明建设"五个一工程奖"、第十六届和第二十七届中国新闻奖、中国社会科学院2012年和2016年优秀对策信息一等奖、外交部2013年和2016年中非联合交流计划研究课题优秀奖等十余种奖项。

吴传华，中国社会科学院西亚非洲研究所"民族问题与非洲发展"重大创新工程项目执行研究员，法学博士。曾任中国社会科学院西亚非洲研究所编辑部副主任、中国驻尼日利亚大使馆政治处主任、中国驻津巴布韦大使馆文化处主任等职。发表《中国对发非洲文化传播：现状与挑战》《关于中国对非洲文化传播战略布局的思考》等文章30余篇。荣获中国社会科学院优秀期刊奖、中国社会科学院优秀对策信息三等奖等奖项。

张春宇，中国社会科学院世界经济与政治研究所助理研究员，博士。研究领域为海洋经济、中非合作。出版《中国海洋金融战略》等著作，发表与中非合作相关的中英文学术论文十余篇，发表与海洋经济相关学术论文十余篇。参与《国家海洋经济"十三五"规划》等多项重要政策文件的研究和编制。主持外交部、原国家海洋局重大课题十余项,曾获外交部2016年中非联合交流计划研究课题优秀奖等奖项。本智库报告建立在作者对多个非洲国家的实地调研的基础之上。

中国社会科学院西亚非洲研究所是根据毛泽东主席的指示于1961年7月4日创建的多学科综合性研究所，是目前中国规模最大、研究力量最集中的中东、非洲问题研究机构和智库。该所研究对象涉及中东、非洲74个国家和地区，重点研究当代中东、非洲地区，各国政治、经济、社会、民族、宗教、法律以及大国与中东、非洲，中国与中东、非洲等国际关系问题。主办学术期刊《西亚非洲》（双月刊），主编综合性年度研究报告集《中东黄皮书》和《非洲黄皮书》；主管中国社会科学院海湾研究中心和中国社会科学院西亚非洲研究所南非研究中心。全国性学术社团中国亚非学会和中国中东学会挂靠于该所。中国社会科学院研究生院西亚非洲研究系设在该所，招收和培养中东和非洲政治、经济和国际关系等专业方向的硕士和博士研究生，为国内中东非洲研究培养专业人才。经过近60年的发展，西亚非洲研究所已逐步成为国内外中东非洲研究领域的知名学术机构。

中国社会科学院国际合作局是负责组织推进全院对外学术交流合作的职能部门。中国社会科学院对外交流合作遍及100多个国家和地区，同海外160余个机构建立了协议交流关系，其中主要是各国科学院、国家级科研机构、高端智库、知名学府以及重要国际组织。对外学术交流的形式主要有学者互访、举办国际研讨会、合作研究、培训、出版等。近年来，每年中外学者互访达5000余人次，举办国际性学术会议150余场。与10余个国家的科研机构共同组织开展合作研究项目。近五年来，与国外知名学术出版社合作，对外翻译出版学术著作700余部。印行《中国社会科学》等16种英文学术期刊。在海外已建立形成中国研究中心网络。

中国社会科学出版社成立于1978年6月，是由中国社会科学院主管的一家以出版哲学社会科学学术著作为主的国家级出版社。1993年首批荣获中共中央宣传部和国家新闻出版总署授予的全国优秀出版社称号。中国社会科学出版社成立40周年以来，出版了大量人文社会科学学术精品，图书先后获得国家图书奖荣誉奖、国家图书奖、中国图书奖、中国出版政府奖图书奖、"中国好书"奖、中华优秀出版物奖、"三个原创一百"图书奖和全国优秀通俗理论读物奖等国家级奖励。在南京大学中国社会科学评价研究院发布的《中文学术图书引文索引》中，中国社会科学出版社图书被引综合排名在全国近600家出版社中位居第四；在中国文化走出去效果评估中心发布的《中国图书海外馆藏影响力研究报告》中，中国社会科学出版社海外馆藏影响力位列第一。近年来，中国社会科学出版社在《剑桥中国史》《中国社会科学院学者文选》等传统图书品牌的基础上，打造"中社智库"丛书，《理解中国》丛书、《中国制度》丛书等出版品牌，已经发展成为我国马克思主义理论的重要出版阵地、哲学社会科学出版重镇、国家高端智库成果的重要发布平台和中国学术"走出去"的主力军。